PENMARCH

AUX XVIe ET XVIIe SIÈCLES

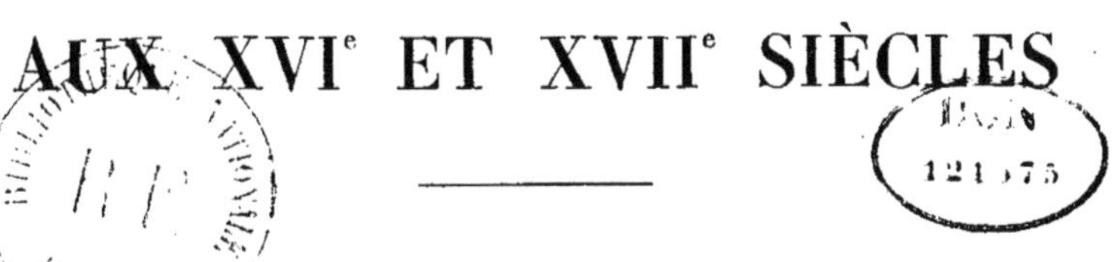

THÈSE COMPLÉMENTAIRE DE DOCTORAT

PRÉSENTÉE A LA FACULTÉ DES LETTRES DE L'UNIVERSITÉ DE PARIS

PAR

Camille VALLAUX
Agrégé d'histoire et de géographie
Professeur de géographie à l'École navale

PUBLICATIONS DE LA SOCIÉTÉ NOUVELLE DE LIBRAIRIE ET D'ÉDITION
(*Ancᵗ rue Cujas*)
ED. CORNÉLY & Cie, ÉDITEURS
101, RUE DE VAUGIRARD, 101
PARIS

A Monsieur le Docteur PLOUZANÉ

Conseiller Général du Canton de Pont-l'Abbé

I. — La Légende de Penmarch

La presqu'île de Penmarch, à la pointe S. W. de la Bretagne, n'est pas seulement le point d'atterrissage remarquable que venaient reconnaître, dès le moyen-âge, les bateaux à destination des ports du golfe de Gascogne, comme le montrent portulans et routiers, par exemple le *Routier de la mer* de Garcie dit Ferrande, composé entre 1483 et 1500 [1]. Penmarch a aussi son histoire et sa légende. La légende, très répandue, de nos jours encore, dans le pays, affirme qu'il existait en ce lieu une ville populeuse et prospère, dont les nombreuses églises inachevées ou ruinées du territoire et quelques maisons d'apparence seigneuriale ne seraient que les restes. Cette légende a trouvé sa forme hyperbolique achevée dans l'affirmation, rapportée par Souvestre, « qu'il y avait à Penmarch une ville aussi considérable que Nantes [2] ».

Avant d'étudier les titres authentiques de Penmarch et de mesurer son importance véritable à la veille et au lendemain de ses malheurs, c'est à dire aux XVIe et XVIIe siècles, nous indiquerons d'après les textes successifs comment la légende s'est formée.

Elle a pour origine l'épisode du sac de Penmarch par le fameux brigand de Cornouaille, Guy Eder de La Fontenelle, pendant les guerres de religion (1595). Cet événement est raconté par le chanoine Moreau dans les termes suivants [3] :

« Les habitans de Penmarch, lors en grand nombre, et qui se glorifioient de leur force, car ils pouvoient bien fournir deux mille cinq cents arquebusiers, comme voulant faire une république à part, pensant seulement à leur particulière conservation, sans se soucier de leurs voisins, et pour se prévaloir et défendre contre La Fontenelle, comme

1. Extraits publiés et annotés par M. Pawlowski, *Bull. de la Soc. de Géogr. commerciale de Bordeaux*, 17 février 1902, p. 65-81.

2. Souvestre, note à Cambry, *Voyage dans le Finistère en 1794*, éd. 1836, p. 158.

3. Moreau, *Histoire des guerres de la Ligue en Bretagne*, éd. Le Bastard de Mesmeur, 1836, p. 274 et suiv.

à la vérité il leur était tout naturel, ils font deux forts audit Penmarch, l'un en l'église de Tréoultré, l'autre à Kérity en une maison séparée, qu'ils environnent de retranchements et de palissades, et dedans les deux forts retirèrent leurs personnes et leurs fortunes, se croyant bien en sûreté de tous les efforts de La Fontenelle, comme à la vérité ils étoient s'ils se fussent armés de courage, d'expérience, lesquels tous deux leur manquèrent au besoin, comme nous dirons ci-après ; et combien qu'ils aient la réputation d'être bons soldats en mer, si ne firent ils aucun devoir à terre. »

Nous croyons devoir abréger ici le récit fort long du chanoine. La Fontenelle procéda par ruse. Il se « feignit le grand ami » des Penmarchais, vint avec des apparences de bon apôtre, tint aux habitants des discours flatteurs, et pendant qu'il retenait ainsi leur attention. ses soldats enlevèrent les deux forts par surprise. Il y eut grand massacre et grand pillage.

« Le butin fut grand, continue Moreau, car tous les plus riches dudit lieu, dont il y avoit grand nombre, se confiant en leur courage et leurs ouvrages, nombre de gens de marine étoient en ces forts et n'avoient daigné se retirer ailleurs, comme plusieurs autres avoient fait, entre autre ceux d'Audierne et de tout le cap Sizun, qui s'étoient retirés à Brest ; si bien qu'ils perdirent tout ce qu'ils avoient, et surtout grande quantité de navires, bateaux et barques plus de trois cents de tous volumes, dans lesquels La Fontenelle ayant fait charger le butin les fit rendre à son fort de Douarnenez... Je n'ai pas su le nombre des morts de Penmarch, tant il y a que la plupart de la tuerie fut dans l'église, qui faisait comme le donjon de leurs forts... De ce ravage de Penmarch demeura telle ruine qu'il ne pourra de cinquante ans relever ny possible jamais, et semble que tout depuis ils sont suivis de je ne sais quel malheur qui les accable de plus en plus, quelque peine qu'ils prennent de reprendre haleine. »

On voit que le pillage de Penmarch par La Fontenelle a fortement frappé l'imagination des contemporains. Par une conséquence naturelle, la prospérité passée de Penmarch s'exagéra dans leurs souvenirs, et à mesure que les années s'écoulèrent, l'exagération devint plus sensible.

Le second auteur involontaire de la légende fut Bertrand d'Argentré. Il écrivait en 1669 [1] :

« [En 1404], un nommé Guillaume de Villefort, amiral d'Angleterre, prit sur mer grand nombre de vaisseaux jusqu'au nombre de 40, venant

1. B. d'Argentré, *Histoire de Bretagne*, LX, p. 495, an 1404.

de La Rochelle, chargés de vin, fer et huile, jusqu'au nombre de 1000 tonneaux ; et brûla les vaisseaux, puis prit terre à Penmarch, et entrant au païs de Bretagne, brûla et pilla environ six lieues de païs, et en iceluy la ville de Saint-Mahé. »

Grâce au rapprochement fortuit du nom de Penmarch et de la capture d'une riche flotte de commerce, cette flotte devait devenir Penmarchaise et fournir un témoignage de la prospérité passée du lieu. Dom Lobineau, écrivant en 1707, se contente de copier à peu près Bertrand d'Argentré : mais déjà il ajoute un point de soudure entre les exploits maritimes et terrestres de l'amiral anglais, et ce point, bien entendu, est à Penmarch [1] :

« Guillaume de Wilford, écuyer anglois, écrit-il, avec une flotte montée de six mille hommes, prit sur les côtes de Bretagne quarante navires chargés de fer, d'huile, de savon et de vin. Il en brûla quarante autres, et *abordant à Penmarch, il brûla tout le pays* et saccagea les environs... »

Avec le texte de dom Lobineau, il n'y avait qu'un pas à faire pour affirmer que les bateaux pris venaient du pays ravagé. Ce pas a été franchi en 1894 par P. de Ritalongi [2].

L'histoire des malheurs de Penmarch pendant les guerres de religion fut reprise en 1750 par dom Taillandier, continuateur de dom Morice (*Histoire de Bretagne*). Dom Taillandier insiste peu, à l'an 1595, sur le sac de Penmarch par La Fontenelle ; il se contente d'affirmer, comme le chanoine Moreau, que les habitants étaient « riches et formaient une espèce de république » ; mais à l'an 1597, il entre dans de plus grands développements au sujet de la reprise de Penmarch par Sourdéac [3] :

« Tant de cruautés qui révoltent la nature, dit dom Taillandier en parlant des exploits de La Fontenelle, firent enfin prendre la résolution à Sourdéac de marcher contre La Fontenelle. Quand il eut quitté le maréchal de Brissac, il reprit le chemin de la Basse Bretagne et se détermina à attaquer le château de Penmarch. *Ce bourg*, l'un des plus considérables qui soient en France, est composé en quantité de hameaux de soixante ou quatre-vingts maisons, qui ne sont distants les uns des autres que de la portée de l'arquebuse. Avant que La Fontenelle l'eût

1. Dom Lobineau, *Histoire de Bretagne*, t. I, p. 503, XCV, an 1404.
2. « Une escadre anglaise s'empara d'une flotte penmarchaise composée de 40 navires, etc. » (P. de Ritalongi, *Les Bigouden*, Nantes, 1894, p. 439).
3. Dom Taillandier, *Histoire de Bret.* T. II, p. 465.

pris, c'était le plus riche bourg de Bretagne. Les habitants avaient plus de 500 bateaux, sans compter ceux qui portaient du poisson sur toutes les côtes du royaume. Avant la guerre, on comptait dans Penmarch dix mille matelots bien armés et bien équipés. »

Dom Taillandier a sûrement sa large part dans la formation de la légende. « Le plus riche bourg de Bretagne », les « dix mille matelots », sont des exagérations, ou tout au moins des assertions qui ne reposent sur rien. Toutefois, il convient de remarquer que dom Taillandier se garde bien de faire de Penmarch une ville grande ou petite. Pour lui, comme pour Moreau, ce n'est qu'un *bourg* avec ses épars, et la description qu'il en donne pourrait s'appliquer au Penmarch de nos jours.

Mais la légende continuait son évolution : la *ville* ne devait pas tarder à venir. Elle apparaît en 1769 dans le *Dictionnaire géographique de Bretagne* par Ogée [1].

« Le territoire de Penmarch, dit Ogée, est plein de démolitions. Les pierres qui sont entassées çà et là les unes sur les autres, *suffiraient pour bâtir une ville* ; on ne sçait de quels édifices elles proviennent. »

Ogée laisse soupçonner l'existence de la ville, il ne l'affirme pas encore. Cambry, en 1794, renchérit sur Ogée [2].

« J'ai parlé, dit-il, des ruines de Penmarch ; elles annoncent une très grande population ; elles sont, pour les habitants du pays, les ruines de la ville d'Is. On sait qu'on y faisait un immense commerce de salaisons. »

Ainsi, non seulement Penmarch est devenu ville, mais c'est la légendaire ville d'Is, et on y faisait un « immense commerce ». Il semblait difficile d'aller plus loin dans l'hyperbole. Il était pourtant réservé au chevalier de Fréminville d'écrire dans ses *Antiquités du Finistère* le poème du Penmarch légendaire, vrai chef-d'œuvre d'imagination [3].

« Qui peut avoir porté, s'écrie-t-il, à bâtir une si grande ville dans ce lieu si écarté, si solitaire? Voici comment nous répondrons : les habitants de Penmarch étaient, dans des temps déjà fort éloignés, d'intrépides et hardis marins ; leur habileté, leur expérience de la mer leur attira la confiance, et tous les riches propriétaires des Cornouailles leur confièrent, de préférence à tous les autres, les marchandises dont ils

1. Ogée, *Dictionnaire géographique de Bretagne*, t. III, p 338-339.
2. Cambry, *Voyage dans le Finistère en 1794*, éd. de Brest, 1836, p. 158.
3. Fréminville, *Antiquités du Finistère*, 1835, t. II, p. 108-115.

voulaient trafiquer. Un établissement maritime se forma donc à Penmarch,... et la ville se forma et s'accrut progressivement. Dès le XIIIe siècle, elle était déjà très populeuse. Une circonstance particulière augmenta la source de ses richesses. A trente ou quarante lieues dans l'ouest de la pointe de Penmarch, on trouvait, à certaine époque de l'année, un banc considérable de morues... La pêche de ce poisson... devint l'objet principal des spéculations des armateurs de Penmarch. On en voit la preuve dans un titre de l'an 1266, publié dans les Anciens jugements de la mer, article 26, page 87 des constitutions du duché de Bretagne. Mais en outre, la ville de Kérity-Penmarch faisait, aux XIVe et XVe siècles, un commerce très étendu de grains et de bestiaux, toiles, chanvres, avec les ports espagnols de la Galice et des Asturies. L'appât des bénéfices immenses qui en résultaient séduisit tant de monde, que les laboureurs des paroisses environnantes négligèrent la culture des terres pour accourir à Kérity-Penmarch et s'y livrer au trafic. La chose arriva au point qu'il fallut que l'autorité y mît un frein... Une ordonnance ducale, relative au négoce de Penmarch, datée de l'an 1404, s'exprime ainsi, etc. » Et il ajoute : « Plusieurs des chemins qui serpentent parmi les décombres de Kérity portent encore des noms de rues : il y a la Grande-Rue, la rue des Marchands, la rue des Argentiers ou des Orfèvres. »

D'après Fréminville, les causes de la ruine de Penmarch seraient l'exploitation des bancs de Terre-Neuve à partir de 1500, les ravages des corsaires et le pillage de La Fontenelle. Tout n'est pas faux, comme nous le verrons, dans cette dernière partie des assertions de Fréminville ; mais le tableau de la grandeur passée de Kérity Penmarch est purement fantaisiste.

C'était en 1835 que paraissaient les *Antiquités du Finistère*. L'année suivante, Souvestre, annotant Cambry, écrivait [1] :

« Les habitants n'ont jamais parlé de la ville d'Is à propos de ces débris. Mais il est certain qu'il existait autrefois dans ce lieu une ville où l'on se livrait à la salaison des congres, des juliennes et même des morues qui se pêchaient sur la côte ; c'était l'objet d'un commerce important. On a cru que la découverte des bancs de Terre-Neuve, en détruisant cette source de richesses, amena l'abandon et la ruine des habitations de Penmarch. Si l'on s'en rapporte à la tradition du pays, Penmarch fut autrefois aussi considérable que Nantes. Outre la découverte du banc de Terre-Neuve, qui fit abandonner celui de Penmarch pour la pêche de la morue, une tempête affreuse fit périr 500 bateaux pêcheurs de cette ville montés chacun de 7 hommes, et causa ainsi la ruine de son commerce. Cependant elle conserva encore assez longtemps une

1. CAMBRY, éd. Souvestre, 1836, p. 158.

assez grande importance, mais lors des guerres de la Ligue elle eut à subir de nouveaux désastres. »

La légende était désormais établie [1]. Dans un Mémoire présenté en 1901 au Congrès de géographie de Nancy, M. le lieutenant de vaisseau Devoir écrivait [2] : « La ruine de la populeuse cité de Tréoultré-Penmarch est un fait historique ». Nous-même, en critiquant dans les *Annales de Géographie* les conclusions de ce mémoire, nous ne songions point à contester un fait qui nous semblait suffisamment appuyé, à première vue, par des autorités très souvent respectables comme celles de Souvestre et de Fréminville [3].

Cependant, dès 1891, M. Trévédy, étudiant, dans le *Bulletin de la Société archéologique du Finistère* [4], les anciennes sécheries et pêcheries de Léon et de Cornouaille, critiquait avec sagacité les assertions et les références de Fréminville, et même les hyperboles de dom Taillandier. A propos du texte de Fréminville, il faisait remarquer que les « Anciens jugemens de la mer » ne portent même pas le nom de Penmarch ; que la constitution ducale de Jean V, de 1424 (et non de 1404), ne s'applique en aucune manière au négoce de Penmarch qui n'est pas mentionné ; que le privilège de *papegaut* conféré par Henri II, le 15 juin 1556, aux habitants de Penmarch, et qui suivant Fréminville démontrait l'ancienne importance du lieu, était souvent accordé à de petits bourgs fort peu peuplés ; enfin, que le terme de *rue*, dans toute la presqu'île de Pont-l'Abbé, s'appliquait communément aux petits sentiers ruraux qui relient les villages [5]. Ensuite, M. Trévédy, critiquant dom Taillandier, montrait combien le chiffre de « dix mille matelots bien armés et équipés » était hyperbolique et improbable [6]. Pour toutes ces raisons, M. Trévédy pensait qu'il y

1. Elle a trouvé une illustration curieuse dans une lithographie existant à la B. N. Estampes, Topographie de la France, Finistère (dessin de A. Mayer, lith. de Ciceri, 1844). Cette lithographie porte le titre de « la Palmyre de Bretagne (Penmarch) ». On voit une croix de granite, au milieu d'une grande lande semée de ruines, sous un ciel bas et noir. Communiqué par M. Bourde de la Rogerie, archiviste du Finistère.

2. Nous avons consulté ce Mémoire manuscrit.

3. C. Vallaux, *Sur les oscillations des côtes occidentales de Bretagne* (Ann. de Géog. 15 janvier 1903).

4. J. Trévédy, *Les pêcheries et sécheries de Léon et de Cornouailles* (Bull. de la Soc. Archéol du Finist., 1891).

5. Trévédy, p. 207-208.

6. Trévédy, p. 208-209.

avait lieu de faire des réserves sur la prospérité passée de Penmarch.

Mais M. Trévédy n'avait pas en mains les éléments nécessaires pour résoudre complètement la question. Il ne disposait que des textes imprimés et des indications contenues dans les aveux de la baronnie du Pont (Pont-l'Abbé), conservés aux archives du Finistère, sur la sécherie de Penmarch dont une partie dépendait des barons du Pont. Il ne pouvait présenter un tableau complet des pêcheries et du mouvement commercial du centre de Penmarch. Nous essayons aujourd'hui de combler cette lacune.

II. — Le territoire de Penmarch ; Ses Destinées Politiques ; Instabilité de ses chefs-lieux

Il est naturel de penser qu'une grosse agglomération existant sur le territoire de Penmarch eût fixé à elle, comme à un pôle d'attraction, toute l'histoire politique du pays. Sa présence eût réglé d'une manière durable les divisions territoriales, religieuses et politiques, qui lui auraient été naturellement subordonnées.

L'absence de fixité de ces divisions, dans la période historique, est déjà une raison de croire qu'un tel centre d'attraction n'existait point.

Au point de vue religieux, avant 1790, le territoire de Penmarch était divisé en deux sections. La première formait une paroisse et comprenait la plus grande partie de la commune de Penmarch ; elle avait son chef-lieu au bourg actuel. La seconde, Saint-Guénolé, était une *trèv* ou succursale de la paroisse voisine de Beuzec Cap-Caval, aujourd'hui supprimée. Remarquons que *Penmarch* et *Cap-Caval* ont le même sens, et que ces deux mots étaient souvent employés l'un pour l'autre, au XVIIe siècle, pour désigner d'une manière un peu indéterminée soit toute la presqu'île, soit la lisière maritime et surtout ses ports.

La paroisse de Penmarch elle-même avait changé de nom au cours des temps. Au XIVe siècle, dans le cartulaire de Quimper, elle s'appelle Tuorte-n-Abad [1]. Ce nom est une forme corrompue

1. Communiqué par M. Le Coz, recteur de Penmarch.

de celui de Trégostré-Nabbat qui se trouve dans un aveu du 24 septembre 1414, et qui se change en Tréoultré-Nabbat dans presque tous les documents du XVe siècle [1]. En 1498, Bécam Guillaume est simplement qualifié recteur de Tréoultré. L'adjonction Nabbat disparaît au XVIe siècle, et jusque vers 1700 le nom de Tréoultré est uniquement employé pour désigner la paroisse, tandis que celui de Penmarch désigne tantôt le port de Kérity, tantôt celui de Saint-Guénolé, tantôt toute la côte. Au XVIIIe siècle, les ports de Penmarch ont dépéri ou ont disparu : le nom de Penmarch reflue, en quelque sorte, vers l'intérieur ; la paroisse s'appelle Tréoultré-Penmarch, et enfin, à partir de 1783, le nom de Tréoultré cesse d'exister sur la liste des recteurs où ne figure plus que le nom moderne [2]. Ces fluctuations de la toponymie sont une image de la destinée changeante de Penmarch.

Saint-Guénolé et Beuzec Cap-Caval ont subi des variations d'un autre ordre. Beuzec était une paroisse, comme Tréoultré ; l'église, qui existe encore, est du XVIe siècle, comme celle de Penmarch. Saint-Guénolé fut érigé en *trève* de Beuzec par une bulle d'Innocent VIII, du 11 octobre 1489 [3] ; à la même époque, on construisit la vaste église inachevée qui a tant frappé l'imagination des chercheurs de ville. Mais cette église, faute d'avoir été achevée, tomba en ruines au XVIIe siècle : c'est pourquoi, le 23 octobre 1722, l'évêque de Quimper en prononça l'interdiction, qui fut maintenue malgré les plaintes des habitants : « Tous les intersignes, s'écriaient-ils, comme le port de mer qui a été conservé, doivent convaincre que le bourg de Saint-Guénolé a été autrefois plus considérable qu'aucune des petites villes de la province [4] ». La paroisse de Beuzec Cap-Caval fut elle-même supprimée en 1790, et son territoire démembré passa aux paroisses voisines : Beuzec fut annexé à Plomeur, Saint-Guénolé à Penmarch.

Si nous nous plaçons au point de vue de la propriété du sol et des droits qui entraînaient avec eux la souveraineté entière ou partielle, le fractionnement nous paraît plus grand encore, et il s'y ajoute, comme nous le verrons pour les sécheries et les pêcheries, de la confusion et de l'incertitude dans les droits de chacun.

1. Arch. Finist. E. 152 et A. 39.

2. Communiqué par M. le recteur Le Coz.

3. D'après les registres paroissiaux. Bull. de la Soc. arch. du Finist. 1904, p. 18.

4. Plainte à l'évêque de Quimper du général de la trève de Saint-Guénolé 16 avril 1768. Arch. paroiss. de Penmarch.

Il convient de distinguer, dans l'étude historique de Penmarch, d'un côté la propriété de la terre, de l'autre les droits de sécherie et de pêcherie, qui représentaient les deux sources de revenus des habitants.

Les terres et les maisons de Penmarch dépendaient en grande partie, soit comme propriétés directes, soit comme tenures féodales, de la baronnie du Pont, comme le montrent les aveux conservés aux archives du Finistère. Nous avons étudié cent de ces aveux, qui vont de 1462 à 1790 et qui s'appliquent à presque tous les villages du territoire actuel de Penmarch et de Saint-Guénolé ; ils montrent que le baron du Pont tenait une grosse partie du pays. Cependant il convient de remarquer que dans ses propres aveux, « à Penmarch le baron du Pont ne réclame pas *clairement* la supériorité sur la paroisse, qui paraît avoir relevé du roi [1] ».

Il y avait en effet à Penmarch et à Beuzec-Cap-Caval un « fief du roi », dont il est difficile de fixer l'importance territoriale, mais qui venait sans doute, au moins pour une partie, de rachats opérés au temps des ducs de Bretagne et annexés au domaine ducal, puis royal de Quimper. Nous trouvons la trace de ces rachats en 1426, 1466 et 1475 [2], et il est à remarquer que ces opérations portent non seulement sur des terres, mais sur des sécheries de poisson, ce qui montre que la véritable importance du « fief du roi », au Cap-Caval, était dans les pêcheries et dans les sécheries, et non dans la possession du sol.

Les droits de pêcheries et de sécheries étaient partagés comme la seigneurie de la terre.

Au moyen âge, la pêche était fort active sur toutes les côtes de Basse-Bretagne, aussi bien en Léon qu'en Cornouaille, et les *sécheries* des congres, juliennes et merlus étaient des industries florissantes et prospères. Ces poissons servaient de *poissons de carême* dans l'intérieur du pays ; ils jouaient alors dans la consommation un rôle identique à celui que tient aujourd'hui la morue d'Islande et de Terre-Neuve. Sur certains zones l'industrie des sécheries tendait à se concentrer, comme aujourd'hui l'industrie sardinière : ces zones étaient les environs du Conquet et de Saint-Mathieu, Pont-Croix et Audierne, Doëlan, et surtout le Cap-Caval.

Les pêcheries et sécheries du Cap-Caval étaient une source d'abondants revenus pour les barons du Pont, qui revendiquent

1. J. Trévédy ; *ouvr. cit.*, p. 141, note.
2. Arch. Finist. A. 39.

dans leurs aveux, dans leurs écrits et dans leurs lettres, ces redevances, dont nous ignorons le taux au moyen-âge ; au XVIe siècle, elles furent fixées par un arrêt du Parlement de Bretagne du 24 octobre 1564 [1].

Mais à côté de la « sécherie du Pont », existait au XVIe et au XVIIe siècle, dans toute l'étendue du Cap-Caval, sans que les droits respectifs de l'une et de l'autre fussent délimités, la « sécherie du duc », c'est-à-dire du duc de Penthièvre, héritier du domaine royal qui avait hérité lui-même du domaine ducal de Bretagne. Aussi la sécherie ducale de Penthièvre et le « fief du roi » se confondent. En récriminant contre l'un, les barons du Pont récriminent aussi contre l'autre.

Outre leurs vastes territoires, les domaines de Penthièvre comprenaient les pêcheries et sécheries du Couesnon et de l'Arguenon, et les sécheries de Cornouaille : ces dernières étaient à Doëlan, à Pont-Croix et au Cap-Caval. En 1465, à la suite de la ligue du bien public, le duc François II avait confisqué les domaines de la quatrième maison comtale de Penthièvre, qui cessa de les posséder pendant plus d'un demi-siècle, malgré l'annexion de la Bretagne à la couronne en 1491. C'est seulement en 1536 que le petit fils de la dernière comtesse de Penthièvre, le duc d'Etampes, obtint par le traité de Crémieu la reconstitution et la restitution de la Penthièvre comme duché. Devenue duché-pairie en 1569, la Penthièvre passa successivement à la maison de Luxembourg, à Mercœur, aux maisons de Vendôme et de Conti, au comte de Toulouse [2]. Au milieu de tous ces changements, les droits de sécherie en Cornouaille furent souvent oubliés et tombèrent même en désuétude ; mais la maison de Penthièvre ne les laissa pas entièrement périmer, puisqu'elle les réclamait encore à Penmarch en 1710.

Au point de vue politique comme au point de vue religieux, le territoire de Penmarch ou du Cap-Caval a donc suivi des destinées assez incertaines et variables. Ces destinées se reflètent dans les oscillations des chefs-lieux de groupement.

Pays agricole et maritime, le Cap-Caval a eu des chefs-lieux maritimes et des chefs-lieux continentaux. Le centre de pêche et de commerce de la contrée et son centre agricole ont été l'un et l'autre sujets à variations.

1. *Mémoire de* D'ERNOTHON, baron DU PONT, 1710. Arch. Côtes-du-Nord, E. 1481.

2. GESLIN DE BOURGOGNE, *Anciens évêchés de Bretagne, histoire et monuments*, Saint-Brieuc, 1879, tome V, p. 35-45.

L'importance ancienne de la paroisse de Beuzec, ainsi que le nom de Cap-Caval qui était à la fois celui de cette paroisse et du pays entier, montrent bien que Beuzec Cap-Caval a été longtemps le véritable chef-lieu continental, et que Tréoultré, devenu plus tard Penmarch, n'a supplanté Beuzec que peu à peu.

Une oscillation du même genre s'est produite entre les deux bourgades maritimes, Saint-Guénolé et Kérity [1]. Il semble qu'à une époque antérieure, — peut-être au XVe siècle où l'on construisait l'église, — Saint-Guénolé ait été la capitale maritime. « Le roi, écrivait le baron du Pont, le 10 novembre 1710, n'a le droit de percevoir ses droits [ceux du duc de Penthièvre] que dans la trève de Saint-Guénolé qui est dans la paroisse de Beuzec Cap-Caval, laquelle trève joint le lieu de Penmarch et s'appeloit autrefois l'ancien Penmarch, tandis que Penmarch d'à présent est entièrement dans la paroisse de Tréoultré [2] ». Les plaintes des habitants de Saint-Guénolé, du 16 avril 1768 [3], quoique entachées d'exagération, montrent aussi que cette bourgade avait été un petit chef-lieu maritime, et qu'elle était bien déchue au XVIIIe siècle.

Dès le XVIe siècle, comme nous le prouverons, le chef-lieu maritime et commercial du Cap Caval s'était certainement transporté à Kérity. C'est à Kérity ou près de cette localité que l'on trouve aujourd'hui le plus de traces d'un ancien petit port et d'une agglomération au moins semi-urbaine : jetées en pierres de taille, maison seigneuriale à Kérity, maison dite des « dîmes » à Kervellec, près de Kérity, rues rappelant par leurs noms des métiers urbains. Le seul port mentionné par Toussaint de Saint-Luc, en 1664, sur cette côte, est sans le moindre doute celui de Kérity, quoiqu'il ne soit pas expressément nommé [4].

1. Le *port de Saint-Guénolé* est constitué par un léger retrait de la côte, au S. de l'anse de la Torche, à la limite de la côte rocheuse et de la Palue. L'île Concq et les rochers qui l'entourent le protègent contre les vents du large ; un môle complète cette protection. Le port n'est accessible qu'aux bateaux de pêche ; il assèche de 1 m. 60 aux plus basses mers d'équinoxe. Le *port de Kérity* est situé sur la Palue du Sud ; il ne se compose que d'un môle et de quelques murs de quai ; il assèche de 3 m. aux plus basses mers. Mais la rade de Poul-Bras, au large de Kérity, protégée par les Etocs, forme un mouillage sûr en eau profonde (5 m. 70 à basse mer dans les marées moyennes de morte eau) ; c'est le *havre* dont parle Toussaint de Saint-Luc (v. § 6).

2. Arch. Côtes-du-Nord, E. 1481.

3. Arch. paroiss. de Penmarch.

4. V. plus bas, § 6.

Ainsi, tandis que le chef-lieu agricole émigrait, aux XVIe et XVIIe siècles, de Beuzec-Cap-Caval à Tréoultré, le chef-lieu maritime se transportait très probablement de Saint-Guénolé à Kérity. Il y a donc eu une sorte de déplacement lent et graduel vers le sud des centres politiques et économiques du Cap-Caval. Quelles que soient les causes fort mystérieuses de ce mouvement, dû peut-être à un effort des barons du Pont pour attirer sur leurs terres la population rurale et maritime que ne retenait pas la main trop lointaine du duc de Penthièvre, le seul fait de la mobilité des chefs-lieux rend très problématique l'existence d'une importante agglomération urbaine, car une agglomération de ce genre ne se serait pas déplacée si aisément.

III. — Hypothèse d'un Mouvement positif sur la Côte

L'instabilité des groupements et la décadence des anciens ports du Cap-Caval ont été attribués en 1901 par M. le lieutenant de vaisseau Devoir, dans le mémoire dont nous avons déjà parlé, à un mouvement de lente submersion qui serait général sur les côtes de Basse-Bretagne, mais qui ferait sentir particulièrement ses effets sur les horizons bas du cap Caval, où l'altitude moyenne n'est que de 3 à 5 mètres entre Penmarch, Kérity et Saint-Guénolé. M. Devoir ne reconnaît pas l'effet de la seule érosion marine dans les indéniables emprises de la mer sur la côte ; il y voit un phénomène de plus grande envergure, qui sûrement aurait eu sa forte part dans la ruine du vieux Penmarch. Nous devons donc étudier de près les déplacements de ce rivage sans cesse menacé.

On ne relève de trace d'un recul ancien de la ligne des côtes que sur la lisière S. W., entre la pointe de Penmarch et le môle de Kérity. Sur cette zone s'avance jusqu'au chenal de la Jument, à 1.200 mètres de la laisse des plus hautes mers, le plateau de roches de Villers-Bras, que continuent au delà du chenal, presque jusqu'aux Etocs, les récifs du Poul-Bras. Villers-Bras, Poul-Bras et les Etocs sont un plateau arasé où pointent encore 20 têtes de rocher au-dessus des plus grandes marées. C'est une sorte de large jetée qui protège à basse-mer le port de Kérity. Or c'est en cette partie de la lisière maritime de Penmarch que des traces de substructions anciennes ont été relevées, et que M. du Châtellier a trouvé un vase gallo-romain qui figure aujourd'hui aux collections de Kernuz [1]. La zone alternativement découverte et recouverte par la marée atteint à Villers-Bras une largeur inaccoutumée sur les côtes granitiques de Bretagne. Cette zone a 1.200 mètres de large contre 450 à Saint-Guénolé, 400 à l'anse de la Torche et 300 à peine au Guilvinec. Villers-Bras porte donc la trace visible d'un arasement d'origine marine. Mais cet arasement, bien limité à un horizon particulier, est en effet d'érosion d'autant plus explicable que le plateau qui va de la pointe de Penmarch aux Etocs est exposé de plein fouet à l'effort des vents et des courants du S.W.

En dehors de la destruction pièce à pièce du môle de résistance de Villers-Bras, le littoral de Penmarch porte la marque d'oscillations qui se compensent et qui tendent nettement vers un profil d'équilibre définitif.

De l'anse de la Torche au port du Guilvinec, le rivage présente deux types bien distincts. Le premier, qui forme la pointe de Saint-Guénolé, la pointe du phare d'Eckmühl et la côte d'Eckmühl à Kérity, est un type de côte rocheuse composée de granulite en masses, traversée çà et là de filons de quartz. Le second, qui va de Saint-Guénolé à Eckmühl et de Kérity à la pointe de Men-Meur, au Guilvinec, est *la Palue*, c'est-à-dire une côte de dunes basses de sable qui font cordon à la limite d'un horizon de terres plus basses encore.

Or les matériaux de transport arrachés aux masses granulitiques érodées contribuent, avec les efforts des hommes, à régulariser et à fixer les lignes de côtes de la Palue. A l'état naturel, les dunes de la Palue séparaient de la mer des zones d'inondation intermittente, sortes de vasières marines que l'océan envahissait lors des grandes marées et des violentes tempêtes. Aujourd'hui, ces vasières intérieures ont disparu, soit d'elles-mêmes par la consolidation des dunes, soit par suite des travaux d'assèchement. La terre ferme a donc regagné largement dans la Palue ce que l'effort de la mer lui faisait perdre dans la masse granulitique et même sur la ligne des dunes.

Si nous consultons la carte de Cassini (nº 170) [2], nous constatons qu'à son époque la ligne de côtes était sensiblement identique à la ligne moderne, à Villers-Bras comme ailleurs. En revanche, la carte de Cassini indique à l'intérieur des surfaces iso-

1. Lettre de M. du Châtellier à l'auteur, du 21 novembre 1904.

2. Nous devons un calque de cette partie de la carte de Cassini à l'obligeance de M. Sion, pensionnaire à la Fondation Thiers.

lées, recouvertes par les eaux, qui n'existent plus aujourd'hui. Ce sont trois étangs situés, le premier entre Kervilon et Lescors, le second à Kerguidan, le troisième (*Toul-Aster* suivant Cassini, en réalité *Toul-ar-Ster* ou « fond des marais »), à l'E. de Kérity. D'après le plan cadastral, ce dernier communiquait avec la mer par un étroit chenal pratiqué dans la dune, au S. de Langourougan ; Cassini et la carte marine n° 125, levée en 1818 et 1819, confirment cette indication.

Le premier étang, dont la superficie atteignait environ cent hectares, est qualifié de « maréquage » et appelé « Loch Lescors » dans un aveu du 2 mai 1722 [1]. Il semble que depuis longtemps il n'avait plus, à cette époque, de communication permanente avec la mer, non plus que le second, beaucoup plus petit, situé près de Kerguidan. Les dunes de la Palue avaient fait leur œuvre d'isolement des marais et de fixation de la côte. Cette œuvre a été complétée, au commencement du XIXe siècle, par l'assèchement des marais, opéré au moyen d'une rigole qui va de la Madeleine à Saint-Guénolé.

Le troisième étang de formation marine, Toul-ar-Ster, plus jeune peut-être que les autres puisque sa formation ne se place sans doute qu'après l'arasement de Villers-Bras, a disparu plus tard, sans que la main de l'homme ait aidé en quoi que ce soit sa disparition. Un pêcheur de Kerfézet a affirmé [2] que vers 1860, les bateaux venaient encore charger dans le bassin de Toul-ar-Ster ; il s'agit sans doute des bateaux goémoniers si nombreux sur cette côte. Il est certain que la carte marine n° 125, ainsi que la carte géologique détaillée n° 87, faite sur les premières éditions de la carte au 1 : 80.000, portent le tracé très net du bassin de Toul-ar-Ster ; la carte marine indique même d'une façon indiscutable sa communication avec la mer. Ici encore, la Palue a fait son office : elle a commencé par isoler complètement Toul-ar-Ster qui ensuite s'est rapidement comblé, et qui est devenu ce qu'il est aujourd'hui, une étendue sablonneuse livrée à la vaine pâture.

L'examen détaillé des modifications subies par le rivage depuis l'établissement du cadastre (24 décembre 1832), c'est-à-dire depuis trois quarts de siècle, montre la vraie portée de ces modifications et les effets de l'érosion marine.

Cinq sections du plan cadastral de Penmarch touchent à la mer : ce sont les sections A, H, G, F, E. Notons que les limites

1. Arch. Finist. E. 152.
2. A M. le d[r] Plouzané, conseiller général du canton de Pont-l'Abbé.

des terres cadastrées sont celles des hautes marées d'équinoxe ordinaires.

La section A, de l'anse de la Torche à la limite méridionale du port de Saint-Guénolé, est une Palue au fond de l'anse de la Torche, et une côte rocheuse à Saint-Guénolé. Elle n'a subi aucun changement constaté.

La section H va de Saint-Guénolé au phare d'Eckmühl. C'est une Palue où se font sentir les effets de l'érosion. Le plan cadastral portait une lisière de terres vaines et vagues qui furent partagées par jugements successifs du tribunal de Quimper, dont le dernier est du 12 décembre 1896. Mais ces jugements laissèrent expressément de côté une lisière de 16 à 17 mètres de largeur que la mer et les sables avaient envahie. C'est à ce chiffre qu'on peut évaluer, sur ce point, le recul de la côte, que rend tangible la position avancée de la chapelle Notre-Dame-de-la-Joie, bâtie en 1588, dont les grandes marées envahissent aujourd'hui le chœur.

Sur la section rocheuse G, d'Eckmühl au môle de Kérity, des travaux de soutènement ont été exécutés : mais le plan parcellaire du cadastre est toujours exact. Il n'en est pas de même sur la section F, du môle de Kérity au droit de Kersinal.

Cette section F est la Palue de Toul-ar-Ster : plusieurs parcelles s'appellent simplement *ar Palud*. C'est une côte mobile, où le comblement du marais intérieur a été accompagné d'un déplacement des dunes. A l'E. de Kérity, le no 349, *ar Palud*, d'une étendue de 4 hectares en bordure de la mer, a complètement disparu, et le no 348, *Toul-ar-Ster*, a été quelque peu écorné. Sur cette zone, le recul de la côte atteint une largeur de 50 mètres. A l'E. du no 349, le no 1.791, nommé également *ar-Palud*, a disparu aussi tout entier avec ses 2 hectares 84 ; mais ensuite le recul fait place à une ligne stable (nos 1.792 et 1.793), et enfin à des progrès sur la mer (nos 1.794 et 1.795, jusqu'à la limite de la section E). C'est entre 1.793 et 1.794 qu'existait à l'établissement du cadastre le canal, aujourd'hui comblé, qui faisait communiquer Toul-ar-Ster avec la mer.

Quant à la section E, la dernière de la côte de Penmarch, on n'y remarque aucun changement jusqu'à la limite du Guilvinec.

Cette analyse montre le véritable caractère des déplacements de la côte de Penmarch. C'est un travail de fixation qui s'y opère ; sous l'effort de l'érosion marine, le littoral cherche son profil d'équilibre que lui fera trouver l'évolution de la Palue. Celle-ci, au prix d'un léger recul de la lisière marine, comble et assèche les anciennes zones d'inondation et les protège, par la consolidation progressive des dunes, contre les retours offensifs de la mer.

L'œuvre est maintenant assez avancée pour que la tempête du 4 décembre 1896, qui a représenté dans ces régions le maximum connu de l'effort de la mer, n'ait eu d'autres résultats qu'un bouleversement partiel de la côte sur trois points, au S. du port de Saint-Guénolé, à Notre-Dame de la Joie et à l'W. du môle de Kérity. La tempête de 1896 n'a pu reprendre ni le Loch-Lescors, ni l'étang de Kerguidan, ni Toul-ar-Ster. Et ce ne sont pas les minces murailles de protection existant en 1896 qui l'ont arrêtée.

Nous ne pouvons donc apercevoir la trace d'aucun mouvement positif sur la côte de Penmarch ; nous n'y voyons que les effets régulièrement rythmés de l'érosion marine avec comblement compensateur. Sans doute, la masse granulitique a été rongée sur plusieurs points : la terre a perdu, à une époque antérieure, les plateaux de Villers-Bras et de Poul-Bras, aujourd'hui arasés et recouverts par la marée. Sans doute aussi, la ligne des dunes a été rongée sur deux zones, à Notre-Dame de la Joie et à l'E. de Kérity. Mais ces pertes ont été largement compensées par la disparition des trois vasières marines et par la régularisation *en avancée* du dessin de la côte, à l'E. de Toul-ar-Ster. En tout cas, ces modifications locales ne suffisent point à expliquer la ruine de l'hypothétique ville de Penmarch : elles l'expliquent d'autant moins que les deux ports de Penmarch, Kérity et Saint-Guénolé, sont tous les deux, le second surtout, à l'abri des emprises marines et de l'invasion de la Palue mobile, et que les ruines et les édifices considérés comme des vestiges de la « grande ville » se trouvent tous, sauf Notre-Dame de la Joie, fort loin des zones maritimes exposées.

IV. — Pêcheries du Cap-Caval aux XVIe et XVIIe Siècles

C'est dans l'histoire des pêcheries et du commerce de Cap-Caval que nous trouverons la solution vainement demandée à la géographie physique.

Comme nous l'avons dit (§ 2) les pêcheries et les sécheries de congres, de juliennes et surtout de merlus étaient fort actives au moyen âge sur les côtes de Bretagne. Celles de Saint-Mathieu, dans le Léon, étaient affermées par le duc, dès le 4 mai 1279, à sept marchands de Bayonne [1]. Les pêcheries du Cap-Caval sont au

1. A. de la Borderie, *Recueil d'actes inédits des ducs et princes de Bretagne*, 1898, p. 264-265.

moins aussi anciennes : mais nous ne trouvons de traces continues de leur existence qu'à partir du moment où commencent les actes de la quatrième maison de Penthièvre et les aveux de la baronnie du Pont.

Les « pêcheries et sécheries de Cornouaille » faisaient partie, comme nous le savons, du domaine de Penthièvre, dont elles suivirent la destinée. Confisquées par le duc en 1465, elles tombèrent en 1491 dans le domaine royal, et le traité de Crémieu les rendit, en 1536, à la maison de Penthièvre. Elles occupaient les trois régions de Doëlan, de Pont-Croix et du Cap-Caval. Au Cap-Caval, elles s'étendaient sur les paroisses de Tréoultré, de Plomeur, de Treffiagat, de Loctudy « au fief du roy », de Beuzec-Cap-Caval, et sur la trève de Saint-Guénolé.

Les barons du Pont, de leur côté, revendiquaient les droits de pêcheries et de sécheries sur les « provinces maritimes de leur fief, qui sont Loctudy, Plonivel, Treffiagat, Tréoultré et Combrit [1] ». On sait qu'à Tréoultré-Penmarch, en particulier, leurs droits venaient se superposer à ceux du domaine de Penthièvre. Les droits des deux maisons s'ajoutaient-ils ou se neutralisaient-ils ? Les uns étaient-ils perçus aux dépens des autres ? Pour le XVIe siècle, nous n'en savons rien : c'est aux siècles suivants que nous voyons les prétentions rivales tantôt se neutraliser, tantôt se combattre.

Ce qui est certain, c'est que l'antique prospérité des pêcheries, qu'elles fussent de Penthièvre ou de la baronnie du Pont, prit fin avec le XVIe siècle. Deux causes amenèrent leur décadence : la première fut la découverte et l'exploitation des bancs de Terre-Neuve ; la seconde, que nous regardons comme la principale, fut l'état de guerre maritime avec l'Espagne, presque permanent pendant tout le XVIe siècle.

Dès le commencement du siècle, les habitants de Bréhat faisaient la pêche de la morue en Islande et à Terre-Neuve, comme le montre une transaction du 14 décembre 1514 passée entre eux et les moines de Beauport [2]. Leur exemple dut être suivi par de nombreux marins d'Armorique. On nous raconte que pendant son gouvernement de Bretagne, de 1542 à 1565, le duc d'Etampes, pour répondre aux incursions anglaises sur le littoral, s'empara des bateaux destinés à la pêche de Terre-Neuve, les arma en

1. *Mémoire du baron du Pont*, 1710. Arch. Côtes-du-Nord, E. 1481.

2. TRÉVÉDY, *ouv. cit.*, p. 210.

corsaires et fit subir aux Anglais de grosses pertes [1]. La morue qui venait de Terre-Neuve fit aux merlus séchés de Penmarch une rude concurrence.

Mais peut-être cette concurrence n'eût-elle pas entraîné un désastre complet pour les pêcheurs du Cap-Caval. si ceux-ci n'avaient pas eu à subir les maux d'une guerre maritime continuelle faite de chicanes, de surprises et de débarquements à l'improviste, comme celle qui dura depuis les guerres de Louis XII jusqu'au traité de Vervins (1502-1598), avec de rares intervalles de paix. Cette guerre, avec des ennemis comme les Espagnols qui possédaient alors la première marine de l'Europe, était d'autant plus redoutable que la France n'avait ni marine de guerre, ni défense des côtes organisée. La position avancée de Penmarch, traditionnel point d'atterrissage et de reconnaissance pour les bateaux qui s'élevaient du golfe de Gascogne vers la Manche. exposait tout particulièrement les pêcheurs de ce territoire aux coups de l'ennemi. Il n'est pas surprenant que les ravages des Espagnols, et surtout le sentiment d'une constante insécurité, aient fini par ruiner les pêcheries et par disperser en grande partie la population maritime.

C'est dans les archives de Penthièvre que nous trouvons des traces de cette déplorable situation. Dès le 1er octobre 1509, Charles Rolland, « fermier du debvoir des pêcheries et sécheries de Cornouailles ». se plaint au sujet des bateaux pêcheurs qui ont cessé d'aller en mer par crainte des ennemis. En 1527, les fermiers font requête « au roy et à Messieurs de son conseil », parce que plusieurs pêcheurs refusent de payer le droit. En 1551, les débiteurs passent du refus à la révolte ; les fermiers s'adressent au duc d'Etampes, qui envoie aux rebelles Jean de Rosmadec pour tâcher de les ramener par la douceur. De Tréoultré, Jean de Rosmadec écrit au duc d'Etampes (août 1553) : « Je montrai aux paroissiens le tort qu'ils avoient de vous nier le droit de pêcheries ; ils commencèrent à crier après moy. disantz qu'ils étoient fort pauvres et que les Espaignolz leur faisoient ordinairement ennuy ». Remarquons ces cris de misère, à Tréoultré-Penmarch, à une époque où, d'après la légende, la « ville » de Penmarch devait encore jouir d'une fabuleuse prospérité. Jean de Rosmadec ne réussit pas à enrayer le mouvement : en 1555, les pêcheurs de Treffiagat nièrent à leur tour le droit de pêcheries ; le 19 décembre 1556, les habi-

1. Geslin de Bourgogne. *ouvr. cit.*, t. V, p. 35-45.

tants de Saint-Guénolé ne le contestèrent pas, mais ils réclamèrent parce que les fermiers le portaient à trop haut prix, et surtout ils se défendirent de la solidarité qu'on voulait leur imposer pour le paiement intégral des taxes [1].

Tant de difficultés, qui ne firent assurément qu'augmenter pendant les troubles de la Ligue, diminuaient dans de fortes proportions la valeur des droits du domaine de Penthièvre et le revenu qu'il était possible d'en tirer. Aussi les redevances imposées par les baux aux fermiers baissent rapidement au XVIe siècle, pour tomber presque à rien au XVIIe siècle, comme le montre le tableau suivant, qui indique les redevances des seuls baux que nous ayons conservés [2]. Ces baux se renouvelaient en général de trois ans en trois ans :

Bail du 27 septembre 1536.	Redevance,	1.200	liv.,	par an.
— 19 mars 1545.	—	1.133		—
— 28 septembre 1548.	—	1.333		—
Bail de 1585.	—	900		—
— 1604.	—	300		—
— 1612.	—	500		—
— 1636.	—	150		—
— 1637.	—	80		—

C'est dans la période troublée de 1548 à 1585, sur laquelle les renseignements précis nous manquent, que commença la décadence de la ferme des pêcheries ; au XVIIe siècle, malgré un effort pour se relever, elle tomba définitivement. Donc le recouvrement des droits avait d'abord été difficile et était devenu, en fin de compte, tout à fait illusoire.

C'est pourtant au moment même où commençait la crise, en 1557, que fut fixé par le roi, à la réformation du domaine de Penthièvre, le taux des redevances que devaient payer les pêcheurs, et ces redevances, comme nous allons le voir, étaient assez élevées. Les barons du Pont suivirent cet exemple ; ils obtinrent, le 24 octobre 1564, du Parlement de Bretagne, un arrêt qui déterminait sur leurs domaines le devoir de pêcheries [3].

Les pêcheurs qui dépendaient de la seigneurie de Penthièvre sont divisés, au point de vue des droits, en maîtres, compagnons,

1. Tous ces documents (1509-1556) sont aux Arch. Côtes-du-Nord, E. 1481.

2. Arch. Côtes-du-Nord, E. 1481.

3. *Mémoire du baron du Pont*, 1710. Arch. Côtes-du-Nord, E. 1481.

pages et *vaccanteurs*. Les trois premiers mots n'ont pas besoin d'explication ; quant au *vaccanteur*, qui a exercé jusqu'ici la sagacité des historiens locaux [1], une pièce conservée aux archives du Finistère nous semble montrer clairement la signification de ce terme [2]. Le *vaccanteur* était, en quelque manière, le marin qui avait un rôle de navigation, mais non un rôle de pêche : il ne payait pas pour pêcher, mais pour naviguer au commerce ou dans tout autre but.

A Plomeur et à Tréoultré, suivant les tarifs établis en 1557, qui ne furent jamais modifiés depuis [3], les pêcheurs, maîtres et compagnons, paient chacun 63 sols 9 deniers, plus quatre merlus, les pages 25 sols, les vaccanteurs 25 sols ; à Saint-Guénolé, les tarifs sont respectivement de 70 sols et 4 merlus, 25 sols et 25 sols ; à Beuzec-Cap-Caval, les tarifs sont les mêmes qu'à Tréoultré. Ainsi les pêcheurs de Saint-Guénolé étaient les plus fortement taxés, ce qui semble indiquer que ce port était le principal centre de la pêche ; d'autre part, la médiocrité des droits imposés aux *vaccanteurs* prouve que la prospérité du pays reposait avant tout sur la pêche et non sur le commerce, ce qui est un nouveau coup porté à la légende qui nous montre Penmarch rempli de l'or des trafiquants.

Si les taxes exigées des misérables pêcheurs du Cap-Caval nous paraissent lourdes, les formalités qu'on leur impose sont assez rigoureuses, ce qui nous permet d'apprécier à leur juste valeur les assertions du chanoine Moreau et de dom Taillandier qui nous représentent Penmarch comme une sorte de *république* se gouvernant elle-même. Chaque maître doit comparaître chaque année, pour s'enrôler, devant le juge de la pêcherie, « au havre du Cap-Caval » : il s'oblige à payer les taxes en deux termes, sous peine de confiscation : il nomme « fidèlement et sans fraude » ses compagnons et ses pages ; il ne peut admettre dans son bateau que 4 pages ou mousses pour le bateau de 9 à 12 pêcheurs, 5 pour le bateau de 12 à 16 pêcheurs, 7 pour le bateau de 18 à 20 pêcheurs ou au-dessus [4]. Ces dernières prescriptions sont remarquables. Elles nous donnent une idée de l'importance et même du tonnage des bateaux de pêche de Penmarch au XVIe siècle. Evidemment, ces bateaux étaient beaucoup plus forts que les légers esquifs

1. Trévédy, *ouvr. cit.*, p. 147.
2. *Documents*, pièce n° III.
3. V. la pancarte des droits du 16 mai 1625, *Documents*, pièce n° II.
4. *Documents*, pièce n° II.

sardiniers de nos jours, qui ne portent que 4 ou 5 hommes et qui ne peuvent servir qu'à la pêche côtière. La flottille penmarchaise était composée d'assez grosses barques dont les plus faibles devaient avoir 15 à 20 tonneaux, les plus fortes 35 à 40. De tels bateaux pouvaient fort bien se livrer, non seulement à la pêche, mais au commerce de cabotage sur les côtes bretonnes dans les intervalles des saisons de pêche, et c'est là l'origine véritable de l'importance commerciale de Penmarch.

Les barons du Pont, en suivant, en 1564, l'exemple de la Penthièvre, ne taxèrent pas aussi rigoureusement leurs vassaux. A Tréoultré-Penmarch, le droit était de 45 sols par maître et par compagnon pour les pêcheurs qui demeuraient au-dessous du pont Ninon [1], c'est-à-dire plus près de la mer, et de 35 seulement pour ceux qui demeuraient au-dessus [2]. Cette douceur relative des droits exigés par la baronnie du Pont explique peut-être pourquoi les pêcheurs soumis aux taxes plus dures de la Penthièvre se montrèrent, dès le XVIe siècle, si indociles. Les formalités prescrites semblent avoir été à peu près les mêmes dans le domaine du Pont que dans celui de Penthièvre.

Nous avons des motifs de croire, au moins pour le domaine de Penthièvre, que les droits établis en 1557 ne furent jamais intégralement perçus. Leur établissement avait coïncidé avec la décadence des pêcheries, que ces taxes n'étaient pas faites pour arrêter, bien au contraire. Nous avons vu avec quelle rapidité baissèrent les redevances fixées par les baux des fermiers. Même avec ces réductions successives, les possesseurs de la Penthièvre eurent beaucoup de mal à trouver des gens qui voulussent bien prendre à ferme leurs pêcheries. Ainsi le sieur Péchin, conseiller et intendant, fait une vaine tentative pour renouveler le bail, le 26 mai 1607, à Quimper ; il en fait une autre aussi inutile, le 4 juillet, à Penmarch. Cela s'explique aisément. Les fermiers avaient toutes les peines du monde à recouvrer les droits fixés par les ordonnances. En 1618, les vaccanteurs refusent de les payer, et il faut instrumenter contre eux. Un fragment de compte nous donne une idée de la manière dont furent acquittés les droits de 1628 à 1630. Le 20 novembre 1628, à Tréoultré, 4 maîtres de bateaux se libèrent des taxes, pour eux et pour leurs compagnons ; le 13 janvier 1629, à Saint-Guénolé, 3 maîtres, 9 compagnons et 2 vaccanteurs s'y soumettent ; à Plomeur il n'y a que 2 vaccanteurs. Au 1er avril

1. Ce pont est à proximité immédiate du bourg de Penmarch.

2. *Mémoire du baron du Pont*, 1710. Arch. Côtes-du-Nord, E. 1481.

1630, 4 maîtres de Tréoultré et 7 compagnons de Saint-Guénolé acquittent les droits. Il est évident que presque toute la population maritime refusait tout paiement. Nous ne sommes pas surpris de trouver, au 7 avril 1630, un avis comminatoire aux pêcheurs de Tréoultré d'avoir à « s'enrôler et à bailler leurs noms, sous peine de voir leurs bateaux saisis » ; mais il n'y a aucune témérité à penser qu'ils demeurèrent sourds à toutes les menaces [1].

Tandis que les droits de la Penthièvre s'évanouissaient avec les pêcheries elles-mêmes, ceux de la baronnie du Pont s'en allaient aussi par lambeaux. Il est à peu près certain que les barons du Pont, plus proches de Penmarch, se firent payer pendant plus longtemps que les ducs de Penthièvre et d'une manière plus suivie ; mais ils ne recouvraient qu'en partie leurs droits, qui étaient pourtant moins lourds que ceux de la Penthièvre. A mesure que le rendement diminuait, les chances de conflit augmentaient entre les deux autorités qui percevaient des taxes au Cap-Caval, et qui devaient en venir à se disputer jalousement les débris des redevances anciennes. Le conflit éclata en 1710. A cette date, le domaine de Penthièvre cherche à rentrer en possession de ses vieux droits, pour lesquels il obtient des juges de l'amirauté, le 14 juillet, une ordonnance confirmative. Le baron du Pont, d'Ernothon, qui avait déjà beaucoup de mal à se faire payer une partie de ses redevances à Penmarch, prend feu à cette nouvelle ; il proteste avec énergie, et en fin de compte, le domaine de Penthièvre recule et renonce à recouvrer son droit de pêcherie [2].

Cette querelle nous a valu quelques détails curieux sur les vieilles pêcheries du Cap-Caval à cette dernière période de leur existence. Un mémoire du 31 octobre 1710 nous montre que le baron du Pont n'a perçu cette année à Tréoultré que 63 liv. 16 s. 6 d. [3], qui ont été payés par 33 maîtres, compagnons, pages et vaccanteurs. « Les pêcheurs de Tréoultré, écrit le 28 septembre d'Ernothon à Planche, sénéchal de Lamballe, sont si gueux et si misérables, et par dessus tout si mutins et si portés à la révolte, que loin de pouvoir réussir à faire payer les droits de pêcherie au duché de Penthièvre, qui sont de moitié plus forts que ceux qu'ils me doivent, je ne peux qu'avec beaucoup de peine recevoir une partie des miens. Il est à craindre que les pêcheurs et habitants de Tréoultré ne quittent et abandonnent entièrement la pêche, dont

1. Arch. Côtes-du-Nord, E. 1481.
2. Arch. Côtes-du-Nord, E. 1481.
3. *Documents*, pièce n° III.

ils font de continuelles menaces ». Et dans une autre lettre du 29 octobre : « Les pêcheurs de Tréoultré sont très-mutins et fort révoltés ; ils ont maltraité mes sergents que j'y envoyais pour la perception de mes droits qu'ils ont toujours payés, et qu'ils menacent de jeter dans la mer quand j'y en enverrai ». D'autre part, le 9 octobre 1710, les représentants du duc de Penthièvre reconnaissent eux-mêmes que « si les habitants de Tréoultré étaient gens raisonnables avec qui l'on pût traiter, il serait assez à propos d'aller sur les lieux et de leur faire voir les titres pour les porter à payer volontairement ce qu'ils doivent, mais ce sont des gens brutaux avec lesquels il ne faut pas espérer terminer par les voies de la douceur [1] ». Les anciennes pêcheries et sécheries de merlus du Cap-Caval agonisaient ; l'activité et la vie ne devaient renaître sur cette côte qu'un siècle et demi plus tard, avec la pêche et l'industrie de la sardine.

V. — Port de Commerce de Penmarch au XVIe Siècle

L'activité commerciale de Penmarch était liée à celle des pêcheries. Les bateaux penmarchais n'avaient guère, comme fret de sortie, que les congres, les juliennes, les merlus, les sardines et les maquereaux. Comme nous l'avons dit, la barque de pêche de Penmarch était assez forte pour naviguer à ce que nous appellerions maintenant le bornage et le cabotage. Le bateau et l'équipage qui pêchaient pendant la saison favorable étaient le même équipage et le même bateau qui allaient de port en port avec des marchandises, sur la côte de Bretagne, pendant le reste de l'année. Cela distingue nettement Penmarch, le Douarnenez et le Concarneau du XVIe siècle, du Douarnenez et du Concarneau modernes, où la flottille de pêche sert à la pêche seulement. Cela nous montre aussi qu'au Cap Caval le négoce et la pêche étaient étroitement liés, car les pêcheurs étaient en même temps trafiquants et commerçaient au loin, tandis que rien de pareil n'existe aujourd'hui sur cette côte.

Dès la fin du XVe siècle, nous pouvons apprécier l'importance relative du port marchand de Penmarch au moyen des textes

1. Toutes les citations ci-dessus sont extraites de pièces de E. 1481, des Arch. Côtes-du-Nord.

relatifs aux droits de coutume payés au port de Royan, que fréquentaient alors beaucoup de bateaux bas-bretons. « De 1478 à 1483, un dixième environ des 600 navires qui passèrent à Royan appartenaient à des ports bas-bretons : 9 venaient de Penmarch, 12 d'Audierne, 6 de Bénodet ; les autres ports n'envoyèrent que deux ou trois navires [1] ». Cette proportion nous montre bien dans Penmarch, non pas un Nantes comme le disait hyperboliquement Souvestre, mais tout au moins un Concarneau ou un Douarnenez, c'est-à-dire un petit port de cabotage assez actif.

Au XVIe siècle, malgré le déclin commençant des pêcheries, le centre commercial de Penmarch se maintint assez longtemps ; il eut même sans doute une heure de prospérité factice qui précéda immédiatement sa ruine. Car la flottille déjà construite, précisément parce qu'elle était de moins en moins employée à la pêche, servit davantage aux transactions commerciales, jusqu'à la disparition graduelle des barques qui la composaient. C'est peut-être à cette heure d'éclat fugitif qu'il faut rapporter l'envoi par Penmarch, en 1571, d'un député aux Etats de Bretagne [2] ; il est vrai que Penmarch, qualifié *ville* en cette circonstance, partage cet honneur avec de petits bourgs comme Saint-Renan et Châteauneuf-du-Faou.

Les registres des droits perçus sur les navires à l'entrée et à la sortie du port de Nantes, dont une série ininterrompue a été conservée du 1er octobre 1554 au 1er octobre 1557 [3], nous donnent une idée exacte du commerce maritime de Penmarch, juste à l'époque où les commissaires de réformation fixaient les droits de pêcheries, peu d'années avant les désordres de la Ligue, la décadence des pêcheries et le dépérissement du commerce maritime. Nantes était la capitale commerciale de toute la côte sud et ouest de la Bretagne : les relations entre ce port et Penmarch étaient certainement aussi fréquentes qu'elles pouvaient l'être, et la flottille penmarchaise trouvait un de ses principaux emplois, le plus important peut-être, aux transactions avec le grand port de la Loire.

Du 1er octobre 1554 au 30 septembre 1555, sur 1.711 bateaux de mer qui sortent de Nantes, 36 appartiennent au port de Pen-

1. Bull. de la Soc. Archéol. du Finist. 1904. Procès-verbal de la séance du 24 nov. 1904, p. XL.

2. J. Trévédy, *Liste des villes ayant député aux Etats* (Bull. de la Soc. arch. du Finist. 1898, p. 212).

3. Arch. Ille-et-Vilaine, C. 3260 à 3262.

march. Sur 36 bateaux, 15 sont « venus vuydes », sur lest ; les autres ont apporté des sardines, des merlus et des maquereaux ; un seul est arrivé chargé de froment. Presque tous repartent avec des barriques de « vin nantoys » ou de « vin d'amont » pour Penmarch, Brest, Saint-Malo, Quimper et Lannion. — La même année, le petit port voisin de Loctudy est représenté à Nantes par 20 bateaux qui arrivent et qui partent chargés de même [1].

Du 1er octobre 1555 au 30 septembre 1556, le nombre des bateaux penmarchais n'est plus que de 12 sur 1660 ; encore faut-il remarquer que sur ces 12, 10 viennent à Nantes du 1er octobre au 30 avril, et 2 seulement pendant le fort de la saison de pêche d'été. 3 arrivent sur lest ; les autres apportent des merlus, de la sardine, de la « morue parée », du poisson frais ; un bateau débarque en outre « deux peaulx de vache ». Ils repartent presque tous avec du vin, principal fret de sortie de Nantes à cette époque, pour Penmarch, Quimperlé, Quimper et Saint-Brieuc. La même année, Loctudy est représenté par 13 bateaux, Concarneau par 10, Audierne par 1 seulement [2].

Du 1er octobre 1556 au 30 septembre 1557, le trafic de Penmarch se relève vigoureusement : 41 bateaux sur un total de 1.903 ; mais 35 bateaux sur 41 avaient déjà fait leur voyage au 30 avril 1557. Donc, comme les années précédentes, le négoce avait lieu surtout pendant l'hiver. Dans la seule journée du 14 novembre 1556, 5 bateaux de Penmarch quittèrent Nantes ; il y en eut 9 du 10 au 12 février 1557. La proportion des bateaux venus sur lest était considérable : on en compte 32 ; les autres arrivèrent chargés de harengs, d'avoine, de merlus et de maquereaux. Les bateaux reprirent la mer avec des chargements de vin pour Penmarch, Saint-Brieuc, Pontrieux, Portrieux, Landerneau, Quimper, Lannion, Morlaix. Un seul, de plus fort tonnage, porta en Ecosse 53 tonnes de vin et 7 tonnes de pruneaux. Le commerce de Loctudy se chiffra cette année à Nantes par 24 bateaux, celui de Concarneau par 7, celui d'Audierne par 11 [3].

Penmarch était donc, de 1554 à 1557, le plus actif des petits ports de cabotage de Cornouaille, et ses marins ne se contentaient pas d'aller et de venir de Penmarch à Nantes : ils étaient en quelque sorte les « rouliers des mers » qui transportaient les produits nantais sur toute la côte ouest et nord de Bretagne, de

1. Arch. Ille-et-Vilaine, C. 3260.
2. Arch. Ille-et-Vilaine, C. 3261.
3. Arch. Ille-et-Vilaine, C. 3262.

Quimper à Saint-Malo, et quelquefois plus loin. Un centre commercial s'était greffé sur le centre de pêcheries du Cap-Caval. Des deux petits ports de la côte, Saint-Guénolé et Kérity, un, Kérity, était devenu une bourgade marchande en même temps qu'un port de pêche.

C'est à Kérity qu'il est possible de retrouver des traces du port de commerce. Ces traces sont d'abord les noms de rues indiqués par Fréminville. Deux noms seulement subsistent aujourd'hui dans la tradition orale ; encore cette tradition ne vit-elle plus que chez les vieilles gens ; c'est un vieillard de quatre-vingts ans qui nous a donné les noms de deux sentiers situés en face de l'église ruinée de Kérity, la rue du Marché au Blé et la rue des Orfèvres. Comme nous l'avons indiqué, ce n'est pas la qualification de *rue* donnée à ces sentiers qui peut établir l'existence d'une ville à Kérity [1]. Les rues ne sont au Cap-Caval que des sentiers ruraux. Un aveu de terres et de maisons situées à Kérity, du 16 novembre 1641, nous parle « d'un bout de maison faisant la moitié de la rue Ruaillan, contenant de longueur trente et un pieds [2] ». On voit ce que pouvaient être des rues semblables. La qualification de *ville* elle-même, appliquée à Kérity dans les aveux, ne prouve rien non plus, puisqu'un aveu du 24 septembre 1414, entre autres, parle des « héritages, possessions et saesines que Riou a, doit, et peut avoir en la *ville* de Kerfrès, son terrouer... [3] » ; or Kerfrès n'a jamais été qu'un groupe de deux ou trois maisons. Mais les noms de rue du Marché aux Blés et de rue des Orfèvres prouvent l'existence de commerces qui ne pouvaient guère prospérer que dans une bourgade de caractère urbain.

Ce qui montre encore mieux l'existence d'un noyau commercial à Kérity, ce sont les noms de personnes qualifiées de *marchands* que nous avons retrouvés dans les aveux fournis au baron du Pont. Ces *marchands* sont rares ; trois seulement sont nommés dans cent aveux ; mais ils demeurent tous les trois au même endroit, à Kérity [4]. Le 14 août 1588, il y a un aveu fourni par « Guillaume Rouzault, merchant, demeurant au bourg de Kérity » ; le 20 juin 1590, aveu de « Guillaume Pochin, merchant, demeurant au bourg de Kérity » ; le 19 septembre 1599, aveu de « Pierre Toulellan, merchant, demeurant au village de Kervilly », et Ker-

1. Trévédy, *ouv. cit.*, p. 205.
2. Arch. Finist. E. 154.
3. Arch. Finist. E. 152.
4. Arch. Finist. E. 135, E. 152.

villy n'est que le faubourg occidental de Kérity. Ainsi, c'est bien à Kérity-Penmarch que se trouvait le port de commerce du Cap-Caval.

VI. — Décadence et Ruine de Penmarch au XVIIe Siècle.

Quand la production des pêcheries du Cap-Caval s'arrêta tout à fait, les commerçants émigrèrent et le commerce disparut. Un demi-siècle après l'époque où nous venons de voir des négociants installés à Kérity, le vieux Penmarch avait péri sans laisser même un souvenir. Voici comment s'exprime Toussaint de Saint-Luc, décrivant en 1664 les côtes de Bretagne [1].

« D'Audierne, on tourne la coste sans trouver aucun port ou ancrage considérable, iusques à la pointe de Penmarch, sous laquelle il y a l'espace de bien vne lieuë du costé du sud des escueils et des roches fort à craindre ; mais du costé de l'est, on entre aussi seurement que facilement dans le haure [de Kérity], les plus grands vaisseaux peuvent y estre en toute marée sur dix brasses d'eau. On trouve ensuite la pointe de Loctudy, où l'ancrage peut estre sur 10 et 12 brasses d'eau, et puis on entre dans la manche qui conduit au port de Pont-l'Abbé, qui est peuplé de riches marchands ».

Remarquons que Toussaint de Saint-Luc, qui donne une mention au commerce de Pont-l'Abbé, passe entièrement sous silence celui de Penmarch. La vie commerciale de Penmarch était donc éteinte en 1664.

Cependant, la ruine des gros villages pêcheurs et marchands du Cap-Caval ne fut point soudaine. La classe des négociants se dispersa peu à peu : ce ne fut pas La Fontenelle qui l'extermina, selon toute vraisemblance. Les familles nobles qui existaient à Penmarch abandonnèrent et vendirent leurs terres ou ne résidèrent plus. On ne relève aucun cas de noble résidant dans les aveux rendus, au XVIe et au XVIIe siècles, à la baronnie du Pont. Un cas nous permet même de penser qu'il y eut des mésalliances, et que

1. Toussaint de Saint-Luc, *l'Histoire de Conan Mériadec qui fait le premier règne de l'histoire générale des Souverains de la Bretagne Gauloise, dite Armorique, avec la première partie des recherches générales de cette province* (Paris, 1664, réimprimé en 1879 par L. Prudhomme, à Saint-Brieuc). — P. 245.

des familles nobles tombèrent en roture. Dans un aveu fourni le 23 avril 1644, par des habitants de Kerbézec qui exposent leur filiation et leurs héritages et qui sont de simples roturiers, un nom noble apparaît à la deuxième génération [1]. Les petits groupes de nobles et de bourgeois commerçants du Cap-Caval disparurent, et il ne resta plus au cap que la foule misérable des pêcheurs et des paysans.

Ce sont les aveux réunis par les barons du Pont qui nous donnent le tableau le plus expressif de la ruine de Penmarch. Les maisons bourgeoises et nobles, les manoirs ruraux et les boutiques de Kérity furent délaissés et tombèrent chevron par chevron, pierre par pierre ; les paysans se nichèrent dans ces ruines sans les réparer, et beaucoup de bâtiments finirent par devenir des tas de pierrailles, au point qu'Ogée put écrire au XVIIIe siècle : « Le territoire de Penmarch est plein de démolitions [2] ». Sans doute, quand les documents nous parlent de masures, de « vieilles mazières », il n'y a rien là qui se rapporte particulièrement à la ruine de Penmarch, car il y a toujours des masures dans les exploitations rurales. Mais il n'en est pas de même quand les aveux signalent d'anciens emplacements de maisons ou des débris de constructions importantes. Ainsi le village de Kerdunez « autrefois hébergé de maisons et crèches, à présent ruiné et en mazières » (17 mars 1707) ; ainsi « une vieille mazière et applacement de maison à présent en ruine et découverte avec son aire » (Kerguidan, 5 mai 1672) ; « une maison à cheminée toute découverte avec son aire devant » (Kerguidan, 11 février 1628) ; « un applacement de maison sur les bords de la mer, — une autre entièrement en ruine dont les dimensions sont inconnues, sans qu'on puisse sçavoir d'où elle avoit ses ouvertures ; — l'applacement d'une grange à présent ensemencé de filasse » (Kervilly, 17 novembre 1786) ; « une apparence de maison à cheminée à raz de terre et les pierres toutes transportées de dessus les lieux » (Kerlourn, 6 septembre 1759) ; « un applacement de maison avec son pourpris et yssues sous le midy » (Kergarrien, 15 avril 1594). La date de ce dernier aveu prouve bien que l'abandon et la ruine des édifices de Penmarch avaient commencé avant les ravages de la Fontenelle [3].

1. Arch. Finist. E. 152.
2. Ogée, *Dict. de Bret.* 1769, t. III, p. 338-339.
3. Arch. Finist. E. 135, E. 152, E. 154.

Au point de vue de cette destruction lente et progressive, les cent aveux que nous avons consultés pour Tréoultré et Saint-Guénolé, et qui vont de 1462 à 1790, se divisent de la manière suivante :

Périodes	Nombre des aveux	Aveux faisant mention d'édifices en ruines	Aveux ne contenant aucune mention de ruines
1462-1600	17	1	16
1600-1650	11	5	6
1650-1700	20	7	13
1700-1790	52	30	22
Totaux.........	100	43	57

Ce tableau nous montre que la destruction n'est pas encore générale au XVIIe siècle, où les maisons et les manoirs abandonnés subsistent, en grande partie intacts ; mais au XVIIIe siècle, le temps a fait son œuvre, et les descriptions de ruines se multiplient. De nos jours, les ruines elles-mêmes ont disparu ; elles n'ont laissé d'autres traces que les substructions parfois visibles à ras de terre, et les innombrables pierres de grand appareil employées à édifier les muretins qui divisent les champs de Penmarch.

VII. — Conclusions

Notre étude nous a conduit aux conclusions suivantes :

La légende a exagéré l'importance du vieux Penmarch et s'est trompée souvent sur les causes de sa ruine. Le territoire du Cap-Caval n'a jamais eu de grosse agglomération urbaine, comme le prouve la dispersion des centres de groupement. Aucune cause physique ne peut expliquer la dévastation de ce coin de terre. La prospérité du Cap-Caval était fondée sur les pêcheries et sur les sécheries de « poissons de carême », auxquelles la découverte de Terre-Neuve et surtout les guerres espagnoles du XVIe siècle ont porté un coup dont elles n'ont pu se relever. Le commerce de Penmarch dérivait de la pêche, et la flottille penmarchaise transportait sur toutes les côtes de Bretagne les produits de la pêche et d'autres marchandises, ce qui avait fait de Kérity-Penmarch un centre actif de cabotage et une petite agglomération urbaine. Mais le négoce s'appauvrit à mesure que les pêcheries déclinèrent, et au XVIIe siècle, pêcheries et commerce avaient totalement disparu. Les édifices laissés à l'abandon, non seulement à Kérity, mais sur tout le territoire du Cap-Caval, tombèrent pierre par pierre, et deux cents ans suffirent à les anéantir tout à fait. A côté du vieux Penmarch ainsi effacé naquit, avec l'industrie sardinière, le Penmarch moderne.

DOCUMENTS

I

1555-1557

Registre des Recettes faites a l'entrée du Port de Nantes, du 1er octobre 1555 au 30 septembre 1556

[Arch. Ille-et-Vilaine, C. 3261, 370 feuillets].

Chapitre de la Mer. Bateaux de Penmarch

[F° 7, 24 octobre 1555] ...le mornauld, maistre de la marie de pennimarc, le xxiiiie jour amena sardyne et iii^{c} morue parée... vendu tout... et baissa à pennimarc xi tonnes vin nantes appurez à x tonnes.

[F° 8, 29 octobre] Guyon Calnaca, m^{re} de la magdelayne de pennimarc, le xxixe jour amena ii^{c} merluz et ii busses merluz vendus xv liv., po^{r} le xle xx sols.

[F° 10, 5 novembre] Nonna le flamant, m^{re} de la marie de pennimarc, le ve jour amena xxxvi^{m} sardines, demi cent merluz et deux peaulx de vache, rapporté à lxi sardyne, ii peaux de vache et demi cent merluz, vendu tout lxxv liv., pour le xlme xxxvii sols, et baissa à pennimarc viii tonnes vin nantoys appurez à vii tonnes.

[F° 18, 28 novembre] Allain Lessec, m^{re} de la marie de pennimarc, le xxviiie jour amena ii barriques merluz rapporté quatre busses merluz vendu le tout lv liv. pour le xle xxx s. vi d., et baissa à pennimarc six tonneaux vin nantoys appurez à cinq tonneaux pippe valleur registre xxxiiii s.

[F° 20, 3 décembre] ...le mornaud, m^{re} de la marie de pennimarc, venu vuyde le iiie jour baissa à quimperlé xi tonneaux vin nantoys app^{z} à dix tonneaux valleur reg^{tre} lxii s. x d., somme vi liv. x s.

[F° 31, 11 janvier 1556] Guillaume de Soulliot, maistre de la bonnaventure de pennimarc, led. jour amena i^{c} merluz rapporté ung cent et demy, vendu tout xx liv., pour le xlme x sols v deniers, et baissa à quimper corantin cinq tonneaux pippe vin nantoys appurez à cinq tonneaux.

[F° 57, 28 mars] Jehan Blanchart, m^{re} de la bonnaventure de pennimarc, quel avoit amené poisson frais ledict jour baissa aud. lieu quatre tonneaux vin nantoys appurez à trois tonneaux pippe, vall^{r} r^{tre} xxiii s. x d.

[F^{o} 58, 2 avril] Guyon Calnaca m^{re} de la madelaine de pennimare led. jour amena VIII^{c} liv. poisson dorois (?) rapporté XI^{c} l. de dorois vendu tout XX l. pour le XLme X sols V deniers.

[F^{o} 64, 24 avril] Jacques Mornay m^{re} de la marie de pennimare, led jour amena VII^{xx} merluz rapporté comme dessus vendu tout XV l. pour le XLme VII s. V d. et baissa à s^{t}-brieu XV tonneaux vin ancenis appurez à XIIII.

[F^{o} 66, 29 avril] Yvon Le Guyader, m^{re} de la marie de pennimare, venu vuyde lediet jour baissa à saint-brieu XXVIII pippe vin amont appurez à XXI tonneaux .. plus baissa troys tonneaux vin nantes.

[F^{o} 98, 29 juillet] ... Tanneguy, m^{re} de la catherine de pennimare le XXIXe jour amena deux milliers merluz parez et II^{c} sardines rapportez III^{m} III^{c} merluz parez et XLII nombres merluz hachoys vendu tout III^{c} XXX l. pour le XLe VIII l. V s. V d.

[F^{o} 113, 17 septembre] Guillaume le Cosquer m^{re} de la marie de pennimare venu vuyde led. jour baissa aud. lieu IIII tonnes pippes vin nantoys appurez à IIII tonnes vall^{r} r^{tre} XXV s. III d.

Registre des Recettes faites a l'entrée du Port de Nantes, du 1er octobre 1556 au 30 septembre 1557

[Arch. Ille-et-Vilaine, C. 3262, 409 feuillets].

[F^{o} 17, 23 octobre 1556] Allain Coriou m^{re} de la bonnaventure de pennimare venu vuyde led. jour baissa aud. lieu XII tonneaux vin nantoys dont y cy a ung tonneau de pry pour le vicaire de pennimare.... reste XI tonneaux appurez à X tonneaux vall^{r} r^{tre} LXII s. X d.

[F^{o} 24, 4 novembre] Bastien le... m^{re} de la marie de pennimare le IIIIe jour amena deux.. troys quarts haran blanc rapporté... vendu tout IIe XX l. pour le XLe... et baissa à s^{t}-brieu VIII tonñ vin amont et XXII tonnes vins nantoys appurez à XX tonnes vin nantes et VII tonñ vin amont vall^{r} r^{tre} VI l. VII s. I d.

[F^{o} 27, 7 novembre] Guillaume le S... m^{re} de la marie de pennimare led. jõ amena troys pippes avoyne... le quart vallant... item ung cent merluz vendu tout X l. pour le XLe V sols,... et baissa à pennimare huit pippes... vin nantes appurez à huit pippes vall^{r} r^{tre} XXV s. III d.

[F^{o} 30, 14 novembre] Jacques Lavenant m^{re} de la nonna de pennimare venu vuyde led. jõ baissa à s^{t} brieu XXVII tonnes vin nantoys appurez à XXV tonnes vall^{r} r^{tre} VII l. XVI s. VII d.

[F^{o} 30, 14 novembre] Jacques Monirof m^{re} de la bonnaventure de pennimare led. jõ baissa à s^{t} brieu XVII tonñ vin nantes appurez à XVI tonñ vall^{r} r^{tre} C s. IIII d.

[F^{o} 30, 14 novembre] Guillaume Carnillis m^{re} de la michelle de pennimare venu vuyde led. jõ baissa à s^{t} brieu XVII tonñ vin nantoys appurez à XVI tonñ vall^{r} r^{tre} C s. IIII d.

[Fo 30, 14 novembre] Yvon Larzest mre de la bonnaventure de pennimarc venu vuyde led. j. baissa aud. lieu XVIII tonnes vin nantoys appz à XVI tonnes pippe vallr rtre CIII s. V d.

[Fo 31, 14 novembre] Guillaume Papie mre de la marie de pennimarc venu vuyde led. jō baissa à st brieu XIIII tonnes pippe vin nantoys appurez à XIII tonnes vallr rtre IIII l. III s. VIII d.

[Fo 32, 16 novembre] Yvon Collin, mre de la catherine de pennimarc venu vuyde led. jō baissa à pontrieux XXIII tonnes vin nantoys appurez à XXI tonñ vallr rtre VI l. XI s. VII d.

[Fo 34, 23 novembre] Michel le gal maistre de la bonnaventure de pennimarc venu vuyde led. jour baissa à portrieulx VII tonneaux vin venu d'amont et XII tonneaux vin nantoys appurez à VI tonnes pippes amont et XI tonneaux nantes vallr rtre LXX s. VIII d.

[Fo 38, 5 décembre] Jehan Dominé mre de la bonnaventure de pennimarc led. jour amena ung cent de merluz vendu XII l. pour le XLe VI s. V d., et baissa à Landerneau XIIII tonneaux vin añ et VI tonneaux nantoys appurez à XIII tonneaux añ et cinq tonneaux pippes nantoys vallr rtre XXXVII s. XI d.

[Fo 49, 9 janvier 1557] Michel Guivarch, mre de la marye de pennimarc venu vuyde led. jour baissa aud. lieu XI tonneaux vin nantoys appurez à X tx vallr rtre LXII s. X d.

[Fo 49, 9 janvier] ... Sautin mre de la marye de pennimarc venu vuyde led. jour baissa aud. lieu XIIII tonneaux vin nantoys appurez à XIII tx vallr rtre IIII l. I s. VII d.

[Fo 60, 18 janvier] henry le démo (?) mre de la marye de pennimarc venu vuyde led. jour baissa à quimpercorantin XI tonneaux pippes vin nantes appz à X toñ pippes vallr rtre LX s. XI d.

[Fo 61, 18 janvier] Jehan Gaultier mre de la catherine de pennimarc venu vuyde led. jour baissa aud. lieu IIII tonneaux pippes vin nantes appurez à III tonneaux busses vallr rtre XXVI s X d.

[Fo 62, 22 janvier] Guillaume Çarnillis, maistre de la michelle de pennimarc venu vuyde led. jour baissa à st brieu quinze tonneaux pippes vin nantes appurez à XIIII tonneaux vallr rtre IIII l. VII s. X d.

[Fo 62, 22 janvier] Jehan Brezou mre de la bonnaventure de pennimarc venu vuyde ledit jour baissa aux portrieulx XII tonneaux pippe vin nantoys appurez à XI tonneaux pippe vallr rtre LXXII s. II d.

[Fo 62, 22 janvier] Jacques le flamant mre de la marye de pennimarc venu vuyde led. jour baissa à st brieu XIII tonneaux vin nantoys et cinq tonneaux vin amont appurez à XII tonneaux nantes et quatre tonneaux amont vallr rtre LXXVI s. IIII d.

[Fo 62, 23 janvier] Michel le Gal mre de la bonnaventure de pennimarc venu vuyde led. jour baissa à pontrieux sept tonneaux vin damont et six tonneaux nantes appurez à six tonneaux vin amont et six tonneaux pippes vin nantes vallr rtre LXI s. II d.

[Fo 67, 1er fevrier] Jehan le paige mre de la bonnaventure de pennimarc venu vuyde led. jour baissa en Escosse XLIII tx ppe vin amont et dix tonneaux ppe vin nantes appurez à XL tonneaux vin amont et dix tonneaux nantes vallr rtre... item VII tonneaux busses pruneaulx app pō le XLe à X s.

[Fo 68, 2 février] Yvon Colin mre de la catherine de pennimarc venu vuyde led. jour baissa à st brieu XXI tonneaux vin nantoys app. à XIX tonneaulx vallr rtre CXIX s. I d.

[F° 68, 2 février] Mathieu Troffy m^{re} de la marye de pennimare venu vuyde led. jour baissa à lannyon XXII tonneaulx vin nantes app. à XX tonn^{x} vall^{r} r^{tre} VI l. V s. IIII d.

[F° 71, 5 février] Guillaume le Couryoulx m^{re} de la marye de pennimare venu vuyde led. jour baissa à quimpercorantin V tonneaux pippe vin nantes et IIII tonneaux vin am^{t} app. à V tonñ nantes et III ppe am. vall^{r} r^{tre} XXXII s. V d.

[F° 73, 8 février] ... m^{re} de la bonnaventure de pennimare venu vuyde led. jour baissa à Morlays XX tonneaulx ppe vin nantes appurez à XVIII tx pippe vall^{r} r^{tre} CXV s. XI d.

[F° 75, 10 février] Guillaume Cosquet, m^{re} de la marie de pennimare venu vuyde led. jour baissa aud. lieu troys tonneaulx ppe vin nantoys... pippe vin am. appurez à III tonneaulx busse nantes, ...pippe amont vall^{r} r^{tre} XX s. III d.

[F° 75, 10 février] Simon le Coullic m^{re} de l'anne de pennimare venu vuyde led. jour baissa aud. lieu VIII tonneaulx vin nantes app^{z} à VII tx pippe vall^{r} r^{tre} XLVII s. II d.

[F° 75, 10 février] Yvon Coustriou m^{re} de la marguerite de pennimare venu vuyde led. jour baissa aud. lieu VIII tx vin nantes appurez à VII tonneaulx pippe vall^{r} r^{tre} XLVII s. II d.

[F° 76, 11 février] Huon Stenon m^{re} de la barbe de pennimare venu vuyde led. jour baissa à Morlays XIIII vin nantoys app^{z} à XIII tx vall^{r} r^{tre} IIII l. I s. VII.

[F° 76, 11 février] Yvon le Lars m^{re} de la bonnadventure de pennimare venu vuyde led. jour baissa à Morlays XVIII tonneaux vin nantoys appurez à XVI tx pippe vall^{r} r^{tre} CIII s. VI d.

[F° 76, 11 février] Jacques Laurens m^{re} de la marie de pennimare venu vuyde led. jour baissa aud. lieu XX tx vin nantes app^{z} à XVIII tx vall^{r} r^{tre} CXII s. XI d.

[F° 76, 11 février] Jacques ... m^{re} de la trinité de pennimare venu vuyde led. jour baissa aud. lieu IX tx vin nantoys app^{z} à VIII tx pippe vall^{r} r^{tre} LIII s. VI d.

[F° 77, 11 février] Guillaume Faron, m^{re} de la nonne de pennimare venu vuyde led. jour baissa à saint-brieu XXIII tonneaux vin nantoys appurez à XXII tx vall^{r} r^{tre} VI l. XXII s. X d.

[F° 78, 12 février] Jehan le Roux m^{re} de la marye de pennimare venu vuyde led. jour baissa audit lieu XX tx vin nantoys appurez à XVIII tx vall^{r} r^{tre} CXVII s. X d.

[F° 78, 12 février] Jehan Stenon, m^{re} de ... de pennimare venu vuyde led. jour baissa aud. lieu XV tonneaulx vin nantes app^{z} à XIIII tonneaulx vall^{r} r^{tre} IIII l. VII s. X d.

[F° 86, 26 février] Simon Driolle, m^{re} de la laurence de pennimare venu vuyde led. jour baissa aud. lieu IX tx pippe vin nantoys app^{z} à IX tonneaulx vall^{r} r^{tre} LVI s. VII d.

[F° 111, 10 mai] Charles Bouchart m^{re} de la marye de pennimare ledit jour amena III^{c} merluz ... vendu tout IIII^{xx} XVII l., pour le XLe XLVIII s. XI d., et baissa aud. lieu IIII tonneaulx pippe vin nantoys et IIII tonneaulx vin amont appurez à IIII busses nantes et III tonneaux p. am̃ XXVII s. VIII d.

[F° 131, 23 juin] Jehan Mollochet, m^{re} de la marye de pennimare led. jour amena II^{c} macquereau r^{te} III^{c} nombres vendu tout VIII^{xx} l. et pour le xlc iiii l. v d. et baissa à pennimarc vii tonneaux pippe vin nantes appurez à vii tx...

[Fo 134, 1er juillet] Jehan ... mre de la bonnaventure de pennimarc ledit jour amena iim vic merluz parré rappte iiim viic merluz... et baissa audit lieu troys tonneaulx busses vin nañt. appz à iii tx vallr rtre xix s. i d.

[Fo 134, 1er juillet] ... Largant mre de la bonnaventure de pennimarc ledit jour amena iic macquereau rté iiic macquereau vendu tout viixx l. pour le xlc lxx s. v d. et baissa audit lieu iiii tonnes busses vin nantes appurez à iiii tonnes vallr rtre xxv s. iiii d.

[Fo 134, 1er juillet] Jacques le Mans mre de la bonnaventure de pennimarc ledit jour amena iiim macquereau et viiic merluz rapporté xic xx nombre merluz parez et iiim vic macquereau vendu tout iiic xxx l., pour le xle... viii l. v s. v d. et baissa aud. lieu vii tonnes vin nantes appurez à vii tonnes pippes vallr rtre xi s. xi d.

[Fo 134, 1er juillet] Jehan Douin mre de la bonnaventure de pennimarc ledit jour amena viiic et demy merluz parez et vc macquereau... et baissa à Quimpercorantin vii tonñ pippes vin nantes appurez à vii tonñ vallr rtre xliv sols.

II

16 mai 1625

[Arch. Côtes du Nord, E. 1481]

Pancarte des droits de pêcheries, sècheries et vaccantage appartenant à haut et puissant seigneur César de Vandosme, duc de Vandosmois, Beaufort, Etampes, Mercœur et Penthièvre, pair de France, gouverneur et lieutenant général pour le Roy en ce pays et duché de Bretagne à cause de son dt duché de Penthièvre s'extandant aux parroisses de Mouellan, Riec, Clousal-Carnouet au terrouer de Douelan près Quimperlé et aux paroisses de Beuzec cap Sizun, Primelin. Plogoff, Cléden, Esquibien et Goulbien, le Temple en Plouisnec, Notre-Dame de Rosendon en Pont-Croix, au fieff du Roy terrouer du cap Sizun, et aux parroisses de Plomeur, Tréoultré, Plonivel, la tresve de Saint-Guenolay, es paroisses de Treffiagat, Loctudy, Beuzec cap Caval, au terrouer de Cap Caval... pour nous Jean Becdelièvre, conseiller du Roy en sa cour de Parlement suivant l'arrêt de lad. cour du 18 juillet 1623 et commission des 18 janvier 1624 et 7 de may 1625.

Et Premier

Pour le terrouer de Douelan

....

Cap Caval

Les pescheurs de la paroisse de Plomeur et de Tréoultré poiront chacun LXIII sols IX deniers monnoie et quatre merlus, ci .... LXIII S. IX d.
Les pages chaincun paye XXV sols monnoie ci.............. XXV
Le vacanteur XXV sols monnoie, ci........................ XXV
Les pêcheurs, maistres et compagnons de la paroisse de Plonivel au fief du Roy L sols, ci.......................... L
Le page XXV sols, ci XXV
Le vacantour XXV sols monnoie............................ XXV

En la tresve de Sainct-Guénolé

Poiront pour chacun maistre pêcheurs et compagnons soixante et dix sols, quatre merlus, et pour ceci LXX
Pour le page la première année V sols V
Et pour les autres années vingt et cinq sols, ci........... XXV
Le vacantour vingt et cinq sols ci........................ XXV

Le tout monnoie.

En la paroisse de Trefliagat et celle de Lotudy au fief du Roy.

Chaincun le pescheur soit maistre ou compagnon poira cinquante sols, ci.. L
Et pour le page vingt cinq sols monnoie.................. XXV
Le vacantour vingt cinq sols monnoie, ci................ XXV

Beuzec cap Caval.

Chacun pescheur maistre ou compagnon poiera LXIII sols IX deniers et quatre merlus, ci .... LXIII S. IX d.
Le page vingt cinq sols................................... XXV
Le vacanteur vingt cinq sols.............................. XXV

Le tout monnoie.

Le Sieur de Kerbezec demeurera exempt dud[t] debvoir pour le regart de sa personne et maison noble de Kerbezec et ses fermiers, métayers et subjects demeurant en y celle. Les autres subjects ne demeurant au manoir de Kerbezec ne seront exempts dud. debvoir, ainsi poiront pour comme les autres de cette paroisse.

Que les maistres seront chaque année tenus comparoir devant ledit juge de la pescherie, et s'il n'y en a d'établis, devant des Notaires, aux havres et ports d'Audierne et de Cap Caval, aux jours et heures qui leur seront assignez en la forme cy dessus, à s'enroller, s'obliger au payement dudit debvoir paravant que de commencer ladite pesche sous pareille peine de confiscation de batteaux, poisson et amende.

Que le payement dudit debvoir se rendra et poira en deux termes, sçavoir à la Saint-André et Quasimodo par moitié et en cas de deffault seront lesdits pescheurs, maistres, compagnons et paiges contraints au payement de ce qu'ils seront trouvés debvoir par exécution et saisie des bateaux dans lesquels ils auront fait la pesche, et généralement de tous leurs biens, nonobstant opposition ou appellation quelconque.

Que les maistres nommeront fidellement et sans fraude tous leurs compagnons et pages par noms et surnoms et le lieu de leur demeurance, personnes connues et riscantes esdittes paroisses ou environs : sans suposition de noms affirmeront par serment leurs déclarations contenir vérité : gens étrangers supposés et incognus et qu'ils admettroient autres personnes que ceux qu'auraient nommés lesdits maistres poiront le debvoir que lesdits compagnons et pages et personnes obmises à nommer devraient et l'amande au seigneur pour le pariure ; les vacanteurs feront pareille nomination et au cas de fraude seront obligés au paiement et amende comme ci-dessus.

Lesdits maistres de bateaux ne pourront admettre en leurs dits bateaux que quatre pages pour ceulx auxquels il n'y aura que neuff à douze pescheurs, que cinq pages aux batteaux de douze à seize pescheurs, que six pages aux batteaux de dix huict à vingt pescheurs et au-dessus. Et au cas où ils admettront plus grand nombre, seront lesdits pages représantés pour compagnons et poiront comme tels.

III

31 Octobre 1710

[Arch. Finistère, E. 152]

Rolle des maistres de bateaux de Tréoultré qui sont venus payer [*au baron du Pont*] le 31 octobre 1710 le droit de sescherie et pescherie et ont payé pour eux pour les deux termes de Toussaint et Noël et pour le compaignon d'équipage 2 l. 10 s. 6 d. Et pour le compaignon le 1er terme seul^{t} qui est de 1 l. 12 s., doivent encore 18 s. pour le second terme à chaque compaignon.

payé	Jacques le Quéré maistre	2^{l}	10
	Nicolas Lucas....	1	12
	Mathieu Denis...............	1	12
	Yves Quintin................	1	12
	Jean le Roux jeune homme..		14
		8^{l}.	

Grégoire Jean n'est pas présent — on dit qu'il n'a pas esté pescher, mais qu'il a esté naviger — s'informer — En tout cas il doit le droit de vaccantage.

payé — Noël le Trahon dit avoir esté pescher avec Jean Daniellou et n'avoir pas mis son batteau en mer — A payé deux livres dix sols six deniers.

payé	Guillaume Bargain maistre de barques...	2 l.	10 s. 6 d.
	...... Le Chastalain	1.	12
	Yvon Riou va^{r}, sous le pont Ninon.......	1.	12
	Gabriel Lepaing...........	1.	12
payé	Guillaume Daniel m^{re}.....................	2.	10
	Henry Lebescond au dessus du pont Ninon	1.	05
	Jacques Coïc au dessus du pont Ninon....	1.	05
	Jacques Riou...............	1.	12

payé	Pierre le Paing maistre	2. 10
	Daniel Gourmelon	1. 12
	Nicolas Gannier dit le glaz	1. 12
	Allain Bargain	1. 12
a payé 5.14	Jean Daniellou m^{re}	2. 10
	Henry le donge	1. 12
	Nicolas melair	1. 12
	Noël le Trahon qui a payé ci dessus	5. 14

Le 31 octobre 1710 ledit daniellou a payé unze livres seize sols à valloir aux vingt livres restant du passé 11.16

Daniel Daniellou m^{re}	2.10	a payé 7 l. 5 s. doit 20 l. de vieux.
Yvon Daniellou	1.12	
Jacques le Cosquer	1.12	
René le Donge	1.12	

payé	Jean Laurrans dit Ferrando	2.10
	Yvon le Clech	1.12
	Jacques le Donge	1.12
	Noël le Nen	1.12
payé	Jacques le Gat m^{re}	2.10
	René Riou	1.12
	Pierre Inizan	1.12
	Allain le Scorzec	1.12

Yves Bargain on dit que son bateau n'a pas esté en mer. Mais il a esté naviguer à audiern. Si cela est vray il doit le droit de vaccantage.

Yves le Croezic n'est pas venu l'advertir.

Pierre le Berre on dit qu'il demeure à St-Guenolay et qu'il vient avec son batteau à Penmarch.

Total de la Recepte 63 l. 16 s. 6 d.

Louis le Gat vaccanteur.

Vu le 17 mars 1906.
Le Doyen de la Faculté des Lettres
de l'Université de Paris,
A. Croiset.

Vu et permis d'imprimer :
Le Vice-Recteur de l'Académie de Paris,
L. Liard.

Lille. — Imprimerie Le Bigot Frères, 25, rue Nicolas-Leblanc, 25.

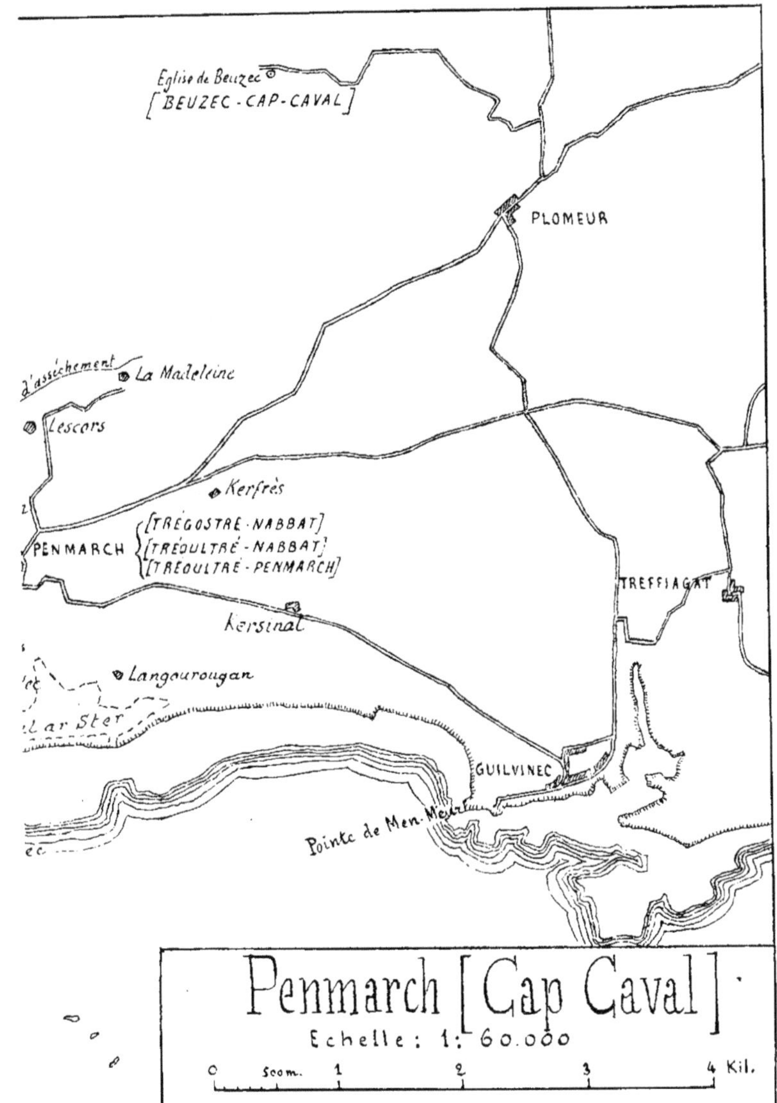
Eglise de Beuzec
[BEUZEC-CAP-CAVAL]
PLOMEUR
d'assèchement
La Madeleine
Lescors
Kerfrès
PENMARCH
[TRÉGOSTRE-NABBAT]
[TRÉOULTRÉ-NABBAT]
[TRÉOULTRÉ-PENMARCH]
TREFFIAGAT
Kersinal
Langourougan
GUILVINEC
Pointe de Men-Meur
Penmarch [Cap Caval]
Echelle : 1: 60.000
0
500m.
1
2
3
4 Kil.

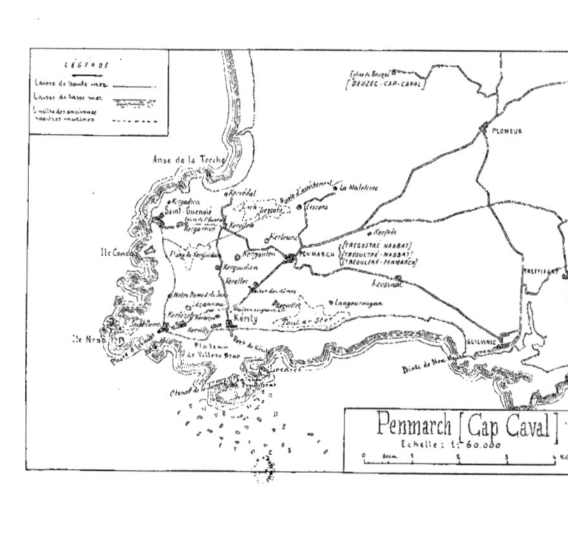
Penmarch [Cap Caval]
Echelle : 1: 60.000
[DEUZEC-CAP-CAVAL]
PLOMEUR
Anse de la Torche
La Madeleine
Saint-Guenolé
Ile Conq
PENMARCH
[TREGOSTRÉ-NABBAT]
[TREOULTRÉ-NABBAT]
[TREOULTRÉ-PENMARCH]
Kerlouan
Kergadien
Kergaurien
Kervédal
Kerity
Plateau de Villers Brao
Langouragan
Tour ar Sten
GUILVINEC
Pointe de Men-Meur
Ile Nona
Chenal de la Jument

www.ingramcontent.com/pod-product-compliance
Ingram Content Group UK Ltd.
Pitfield, Milton Keynes, MK11 3LW, UK
UKHW020451180726
13839UKWH00004B/1772